高等学校物业管理本科
指导性专业规范

(2016 年版)

高等学校房地产开发与管理和物业管理学科专业指导委员会　编制

中国建筑工业出版社

图书在版编目(CIP)数据

高等学校物业管理本科指导性专业规范（2016年版）/
高等学校房地产开发与管理和物业管理学科专业指导委员
会编制．—北京：中国建筑工业出版社，2016.9
　ISBN 978-7-112-19853-5

　Ⅰ.①高…　Ⅱ.①高…　Ⅲ.①物业管理-课程标准-
高等学校-教学参考资料　Ⅳ.①F293.347

中国版本图书馆CIP数据核字（2016）第222975号

责任编辑：刘晓翠　高延伟　王　跃　张　晶
责任校对：陈晶晶　张　颖

高等学校物业管理本科指导性专业规范
（2016年版）
高等学校房地产开发与管理和物业管理学科专业指导委员会　编制
*
中国建筑工业出版社出版、发行（北京西郊百万庄）
各地新华书店、建筑书店经销
北京佳捷真科技发展有限公司制版
廊坊市海涛印刷有限公司印刷
*

开本：787×1092毫米　1/16　印张：3½　字数：76千字
2016年9月第一版　　2016年9月第一次印刷
定价：20.00元
ISBN 978-7-112-19853-5
（29387）

版权所有　翻印必究
如有印装质量问题，可寄本社退换
（邮政编码 100037）

关于同意颁布《高等学校物业管理本科指导性专业规范》的通知

高等学校房地产开发与管理和物业管理学科专业指导委员会：

根据教育部、住房城乡建设部有关要求，由你委组织编制的《高等学校物业管理本科指导性专业规范》，已通过住房城乡建设部人事司、高等学校土建学科教学指导委员会的审定，现同意颁布。请指导有关高等学校认真实施。

中华人民共和国住房和城乡建设部人事司
高等学校土建学科教学指导委员会
2016 年 7 月 15 日

前　言

20世纪90年代中后期，随着我国房地产业的快速发展，国内一些高等学校开始在工商管理、工程管理等本科专业中增设物业管理课程或开设物业管理专业方向。2008年，北京林业大学等高校获得教育部批准，独立开设物业管理本科专业。近10年来，随着国家对物业管理专业人才需求数量的不断增加，物业管理专业教育得到了较快发展。2012年，教育部正式将物业管理专业列入本科专业目录。截至2015年9月，全国有28所高等院校开设了物业管理本科专业，在校生人数约4000人。

由于各高校物业管理本科专业的学科基础、培养目标、培养规格、教学内容、课程体系、基本教学条件等差异较大，为全面贯彻落实《国家中长期教育改革和发展规划纲要（2010—2020年）》和教育部《全面提高高等教育质量的若干意见》的精神，指导全国高等学校物业管理本科专业建设和发展，规范物业管理专业办学，按照教育部、住房城乡建设部的部署，高等学校房地产开发与管理和物业管理学科专业指导委员会（以下简称"专业指导委员会"）负责组织编制了《高等学校物业管理本科指导性专业规范》（以下简称《专业规范》）。

《专业规范》的编制原则是：标准化与多样化相统一；规范性与特色性相协调；拓宽专业口径；规范内容最小化；满足教学内容和教学条件基本要求。《专业规范》编制过程中，专业指导委员会及其编制小组，对英美及港台地区高等学校物业管理本科教育办学情况进行了学习调研，认真听取了物业服务企业、行业协会和行政主管部门对我国物业管理专业人才需求与培养问题的指导意见。除在专业指导委员会2014年鄂尔多斯会议和2015年大连会议上进行了专题讨论外，还专门就规范编制（北京）、核心教材编写（济南）、规范论证评审（北京）等，多次召开专家会议，最终完成本《专业规范》。

《专业规范》作为物业管理专业国家教学质量标准化的一种表现形式，提出了国家对物业管理专业本科教学的基本要求，规定了物业管理专业本科学生应该学习的基本理论知识及应掌握的基本技能和方法。各校可根据自身定位和办学特色，对《专业规范》中的条目进行细化，制定相应的专业培养方案，但不得低于《专业规范》的相关要求，鼓励各校高于《专业规范》标准办学。

《专业规范》共有7个部分组成。主要是对物业管理专业的学科基础、培养目标、培养规格、教学内容、课程体系、基本教学条件和主要参考指标做出了规定；附件1、附件2、附件3分别为物业管理专业知识体系（知识领域、知识单元和知识点）、物业管理专业实践教学体系（实践领域、实践单元及知识技能点）以及推荐的部分物业管理专业知识单元和知识点。在教学体系要求上，《专业规范》强调了技术、经济、管理、法律等多领域知识的交叉融合；在教学内容要求上，《专业规范》为各校留出了较多的自主办学与专业发展空间；在专业能力培养要求上，《专业规范》强调把实践性教学放在突出位置。

参加《专业规范》编制的主要人员有陈德豪（广州大学）、韩朝（北京林业大学）、缪悦（长沙学院）、张志红（石家庄学院）王建廷（天津城建大学）。季如进（清华大学）、吴剑平 陈平（广州大学）、郭春显 张扬（河南财经大学）、王怡红 田禹（山东青年政治学院）、黄蕾（长沙学院）、王筝 张德春（河南牧业经济学院）、王海燕（沈阳工程学院）、卜宪华 于军峰（佳木斯大学）、凌玲（广西大学）、宋立秋（吉林工商学院）、靳能泉（四川文理学院）、郭立（北京建筑大学）、郑皎（山西大学）、张福顺（安徽建筑大学）、梁国军（石家庄学院）等专家以及多位企业界人士提出了许多宝贵意见和建议。

在《专业规范》编制过程中，得到了住房城乡建设部人事司、中国建筑工业出版社、高等学校房地产开发与管理和物业管理学科专业指导委员会全体委员、广州大学等有关单位和专家的指导、支持和帮助，在此表示衷心感谢！

《专业规范》内容广泛、系统性强、涉及面宽，科学性、规范性、普适性要求高，诚请国内高等学校师生在应用过程中提出宝贵意见和建议。

高等学校房地产开发与管理和物业管理学科专业指导委员会
主任委员　刘洪玉
2016年6月

目 录

- 一、学科基础 ………………………………………………………………………… 1
- 二、培养目标 ………………………………………………………………………… 1
- 三、培养规格 ………………………………………………………………………… 1
  - （一）学制学位 ……………………………………………………………………… 1
  - （二）知识结构 ……………………………………………………………………… 1
  - （三）能力结构 ……………………………………………………………………… 2
  - （四）素质结构 ……………………………………………………………………… 3
- 四、教学内容 ………………………………………………………………………… 3
  - （一）知识体系 ……………………………………………………………………… 4
  - （二）实践体系 ……………………………………………………………………… 5
  - （三）大学生创新训练 ……………………………………………………………… 5
- 五、课程体系 ………………………………………………………………………… 6
- 六、基本教学条件 …………………………………………………………………… 6
  - （一）师资 …………………………………………………………………………… 6
  - （二）教材 …………………………………………………………………………… 7
  - （三）教学资料 ……………………………………………………………………… 7
  - （四）实验室 ………………………………………………………………………… 7
  - （五）实习基地 ……………………………………………………………………… 7
  - （六）教学经费 ……………………………………………………………………… 7
- 七、主要参考指标 …………………………………………………………………… 8
- 八、附件 ……………………………………………………………………………… 8
  - 附件1 物业管理专业知识体系（知识领域、知识单元和知识点）………… 9
  - 附件2 物业管理专业实践教学体系（实践领域、实践单元及知识技能点）…… 33
  - 附件3 推荐选修的部分物业管理专业知识单元和知识点 ………………… 36
  - 附录 高等学校房地产开发与管理和物业管理学科专业指导委员会规划推荐教材 …… 48

为适应国家经济社会发展的需要，指导全国高等学校物业管理本科专业建设和发展，规范物业管理本科专业办学，提高教学质量，特制定本《专业规范》。

一、学科基础

《专业规范》所称物业管理本科专业，是指教育部2012年颁布的《普通高等学校本科专业目录（2012年）》中的物业管理本科专业（专业代码：120209）。

物业管理专业主干学科为工商管理和管理科学与工程，重要支撑学科有建筑学、土木工程、环境工程，以及经济学、管理学、法学、社会学、信息科学专业类下的相关学科。

二、培养目标

本专业培养适应物业管理发展需要，具备良好的现代管理理论素养和职业道德，具备与物业管理相关的工程技术、经济、管理、法律、计算机信息技术基本知识及物业管理专业知识与技能，具备物业管理、服务、经营素质与能力，熟悉物业管理及房地产的有关方针、政策和法规，能够在物业服务企业、房地产开发与经营企业、中介机构、企事业单位及政府部门从事物业管理与物业资产经营管理的高素质、应用型、复合型专门人才。

三、培养规格

（一）学制学位

基本学制为四年；实行弹性学制的，修业年限不得低于三年，完成培养方案规定的课程和学分要求，考核合格，准予毕业。

符合规定条件的，授予管理学学士学位。

（二）知识结构

1. 人文社会科学知识：掌握管理学、经济学、法学等方面的基本知识，熟悉哲学、社会学、心理学、政治学、历史学等社会科学基本知识，了解文学、艺术等方面的基本知识。

2. 自然科学基础知识：掌握高等数学基本知识，熟悉工程数学、环境科学、信息科学相关知识，了解可持续发展相关知识和当代科学技术发展现状及趋势。

3. 工具性知识：掌握一门外语，熟悉计算机及信息技术的基本原理及相关知识。

4. 专业知识：掌握房屋建筑学、建筑识图、建筑材料、物业设施设备工程等工程技术知识；掌握经济学原理、工程经济学、房地产经济学、管理学原理、应用统计学、会计学、财务管理、经济法等经济、管理、法律支撑学科知识；掌握物业管理专业导论、物业管理理论与实务、设施管理、物业设施设备维护与管理、物业服务质量管理、物业经营管理、物业管理法规、服务营销、房地产估价、建筑智能化系统管理、物业管理信息系统及运用等物业管理专业知识。

5. 相关领域专业知识：了解建筑、规划、土木、环境、园林、设备、电气、工商管理、公共管理以及金融保险等相关专业基础知识。

（三）能力结构

1. 通用能力

（1）运算能力：具有良好的数学运算能力，能运用通用计算工具和软件解决生活和工作中的计算问题。

（2）表达能力：能流畅熟练地运用汉语进行口头和书面表达，能较为熟练地运用一门外语进行口头和书面表达。

（3）沟通能力：能与一般交往对象进行良好的语言和心理沟通。

（4）规划能力：能为一件事情或一个特定任务做出计划、规划，能运用一定的策略与方法完成特定任务或达成一项目标。

（5）组织能力：能协调组织团队成员共同完成既定的任务。

（6）抗压能力：具备完成岗位职责的心理素质和承受困难与挫折的能力。

（7）信息查询检索能力：能运用通用方法和专业工具查找、检索所需资料信息。

2. 专业能力

（1）专业识图能力：能识别基本的建筑规划设计图、建筑施工图、建筑设备安装图。

（2）调查分析能力：能独立进行项目现场调查、资料收集、数据处理及分析。

（3）项目策划和方案撰写编制能力：能进行单一或综合项目的项目策划，能进行项目的技术经济分析与评价，能独立编写物业管理专项和综合经营、管理、服务方案与合同。

（4）专项工作组织实施能力：能独立负责或协同组织实施物业早期介入、承接查验、前期管理、维修管理、装修管理、设施设备管理、环境管理（秩序维护及保洁、绿化管理）、信息管理、能源管理、空间管理、质量管理、租赁（营销）管理、人力资源管理、财务管理、合同管理、外包管理、保险与风险管理及客户服务和社区文化建设等工作。

（5）外语应用能力：能运用外语服务外籍人士、吸收新专业知识、辅助解决专业问题。

（6）法规应用能力：能熟练应用国家及地方有关物业管理的各项法规、政策和标准开展专业工作，分析解决实际问题，处理好各类纠纷与投诉。

（7）突发事件处理能力：能及时发现、识别、报告环境与事务异常和突发事件，能制定物业管理应急管理制度、应急预案，并能组织、督导或辅助处理常见的物业管理突发事件。

（8）项目综合管理能力：能独立或协助承担一个完整的物业项目的经营管理。

3．创新能力

能及时发现工作中的问题，并具有一定的探究解决能力，具备创新和应用物业管理新方法、新技术、新模式的能力。

（四）素质结构

1．思想道德素质

具有良好的思想政治素质和正确的人生观、世界观、价值观；遵法履约、诚实守信、爱岗敬业、勇于担当，具有高度的社会责任感、良好的职业道德和团队合作精神。

2．文化素质

了解中外历史，具备中国传统文化涵养，理解尊重不同的文化与风俗，有一定的文化与艺术鉴赏能力；具有兼收并蓄、积极进取、开拓创新的现代意识和精神；具有较强社会沟通和人际交往的意识和能力。

3．专业素质

掌握本学科领域基础方法论，具有科学思维方法和习惯；具备严谨求实、理论联系实际、不断追求真理的良好科学素养；具有系统和辩证思维能力，能从综合效益最大化的专业角度优化工作方案，提升工作效率；具有预防和处理工作中风险、困难和关键问题的能力。

4．身心素质

身体健康，达到相应的国家体育锻炼标准要求；能理性客观地分析事物，合理评价自己、他人与周围环境；具有较强的情绪控制能力，能自信乐观面对挑战和挫折，具有良好的心理承受能力和自我调适能力。

四、教学内容

物业管理专业教学内容分为知识体系、实践体系和大学生创新训练三部分，通过有序的课堂教学、实践教学和课外活动，实现学生的知识融合与能力提升。

（一）知识体系

物业管理专业知识体系由人文社会科学基础知识、自然科学基础知识、工具性知识和专业知识四部分构成（图1）。每一部分的推荐课程及建议学时见附件1中的表1-1和表1-2。

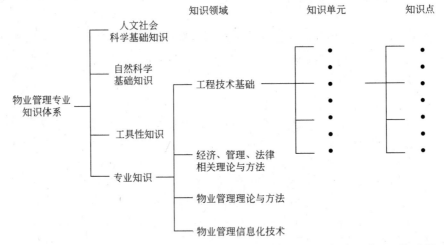

物业管理专业知识包括知识领域、知识单元和知识点三级内容。知识单元是专业知识体系中专业知识领域的基本要素，由知识点构成，是物业管理专业教学中相对独立的基本教学内容。

同时，为便于各校根据自身办学定位、条件、特色来构建自己的课程体系，《专业规范》推荐了部分推荐课程及建议学时，见附件3中的表3-1，供各校自主设置。

1. 专业知识领域构成

物业管理专业知识体系中专业知识领域由以下四大部分构成：
（1）工程技术基础；
（2）经济、管理、法律相关理论与方法；
（3）物业管理理论与方法；
（4）物业管理信息化技术。

《专业规范》规定的220个知识单元和747个知识点，是物业管理专业学生必须掌握的知识，附件1中表1-2-1、表1-2-2、表1-2-3和表1-2-4分别列出了4个专业知识领域的知识单元、知识点及建议学时。

2. 推荐的部分知识单元

考虑到社会对人才需求的差别，以及各校人才培养目标与特色的不同，《专业规范》留有部分知识空间，各校可根据自身办学条件和专业定位设置课程。《专业规范》推荐了部分知识单元供各校制定人才培养方案时参考，具体见附件3中的表3-1-1、表3-1-2、表3-1-3、表3-1-4。

（二）实践体系

物业管理专业实践体系包括实验、实习、设计、社会实践以及科研训练等方面，旨在通过这一环节的教学，培养学生具有分析、研究、解决实际问题的综合实践能力和初步科学研究能力。

实践体系分为实践领域、实践单元、知识技能点三个层次。实践领域包括实验领域、实习领域和设计领域三部分，具体内容见附件2中的表2-1、表2-2、表2-3、表2-4。

1．实验领域

实验领域包括基础实验、专业基础实验、专业实验等，详见附件2中的表2-2。

（1）基础实验。包括计算机及信息技术实验等。

（2）专业基础实验。包括房屋构造、建筑材料实验等。

（3）专业实验。包括物业设施设备工程、物业承接查验、物业管理信息系统及应用实验等。

设计型、研究型、综合型实验由各校结合自身专业办学特色、设置的相关专业课程教学要求自主确定，《专业规范》不做统一要求。

2．实习领域

实习领域包括认识实习、课程实习、生产实习和毕业实习四个环节，详见附件2中的表2-3。

（1）认识实习。按物业管理专业知识的相关教学要求安排，应选择符合专业培养目标要求的相关内容。

（2）课程实习。包括物业管理理论与实务等课程实习。

（3）生产实习与毕业实习。各校可根据自身办学特色及物业管理专业学生所需培养的综合专业能力，安排实习内容、时间和方式。

3．设计领域

设计领域包括课程设计和毕业设计（论文）两个环节。课程设计和毕业设计（论文）的实践单元按专业定位与特色安排相关内容，详见附件2中的表2-4。

实践教学体系中的实践教学领域、实践单元及知识技能点见附件2。除表中所列实践单元外，各校可增设适合本专业特色的实践单元。

社会实践及科研训练等实践教学环节由各校结合自身实际情况设置，突出自身特色。

（三）大学生创新训练

物业管理专业人才的培养应体现知识、能力、素质协调发展的原则，注重大学生创新思维、创新方法和创新能力的培养。大学生创新训练与初步科研能力培养应在整个本科教学和管理过程中贯彻实施，注重以知识体系为载体，在课堂教学中进行创新训练；以实践体系为载体，在实验、实习和设计中进行创新训练；选择合适的知识单元和实践环节，提出创新思维、创新方法和创新能力的训练目标，构建和实施创新训练单元。提倡和鼓励学生参加课外创新活动，如挑战杯、物业管理技能大赛、大学生创新创业训练计划等大学生创新实践活动。

有条件的学校可开设创新训练的专门课程，如创新思维、创新方法和大学生创新性实验等，这些创新训练课程可纳入专业培养方案。

五、课程体系

各校应根据《专业规范》提出的培养目标及教学要求，并结合自身特色构建学校的课程体系。课程体系必修课教学内容应覆盖《专业规范》附件1规定的全部知识单元及知识点；选修课教学内容由各校根据附件3表3-1至表3-4推荐的知识单元并结合自身情况设置。课程可按知识领域设置，也可从各知识领域中抽取相关知识单元组成，但课程内容应覆盖知识体系中的全部知识单元。

《专业规范》规定的课程及学时分布如下：

（1）人文社会科学基础知识、自然科学基础知识和工具性知识领域推荐课程19门，建议956学时。

（2）专业知识领域推荐课程23门，建议880学时。

（3）实践体系中推荐安排实践教学环节9个。其中，基础实验推荐32学时，专业基础实验推荐24学时，专业实验推荐40学时，实习推荐14周，课程设计推荐2周，毕业设计（论文）推荐14周。

课内教学和实践教学学时数（周数）分布见下分布表。

课内教学与实践教学学时（周数）分布表

项 目	人文社会科学、自然科学工具性、知识	专业知识	自主设置知识	
			推荐选修单元	剩余选修单元
专业知识体系	956	880	384	280
（按2500学时计）	38.2%	35.2%	15.4%	11.2%
实践教学（周）	96学时+30周			

六、基本教学条件

（一）师资

1. 有一支年龄结构、学位（学历）结构、职称结构、专业结构和学缘结构合理，科研教学水平较高的专任教师团队，团队成员能独立承担 50%以上专业课程的教学任务。

2. 具有硕士研究生学位以上教师占专任教师的比例不少于 60%，具有高级职称的教师占专任教师的比例不少于 30%，具有物业管理实践经历的专职、兼职教师的比例不少于 30%。

3. 设有专业基层教学组织，有副教授以上职称的专业带头人及后备人才梯队，主讲专业必修课程和主要专业选修课程的教师不少于 10 人，具有副教授及以上职称教师不少于 4 名；能够开展教学研究与科研活动；所在学校应有相关学科的基本支撑条件。

4. 主要专业课的主讲教师必须具有讲师及以上职称。55 岁以下具有高级职称的教师每年应承担本科生教学任务；每名教师每学年主讲的专业课不得超过 2 门；每名毕业设计（论文）指导教师指导的学生数量不宜超过 10 名。

（二）教材

选用符合《专业规范》教学内容要求的优秀教材或教学参考书，鼓励选用高等学校房地产开发与管理和物业管理学科专业指导委员会规划教材、推荐教材及国外优秀教材。教材内容应满足专业培养方案和教学计划要求，并符合学校的办学定位和特色。

（三）教学资料

学校图书馆及专业所在二级学院图书资料室中应有与物业管理专业学生数量相适应的专业图书、期刊、资料，应具有数字化资源和检索资源的工具。

（四）实验室

实验室软、硬件设施应满足教学要求。设施、仪器、设备、计算机及相关专业软件的数量能够满足物业管理专业实验教学的需要和学生日常学习需要。应有在课外时间开放的计算机房，用于学生实验授课教学的计算机台数不少于 1 台/生。

（五）实习基地

有 4 个以上稳定的实习基地，实习基地规模应与实习环节设置和实习学生人数相适应，实习条件应满足相关实践环节教学要求。

（六）教学经费

学费收入用于四项教学经费（本科业务费、教学差旅费、教学仪器维修费和体育维持费）的比例需大于 25%，并逐年有所增长。其中本科业务费和教学仪器维修费需占四项教学经费的 80%。

新设置的物业管理本科专业，开办经费一般不低于生均 0.8 万元（不包括学生宿舍、教室、办公场所等），至少应能够确保本专业的办学硬件环境条件达到前述最低要求。

七、主要参考指标

鉴于各校的办学条件、办学基础及教学管理模式和方法有所不同,《专业规范》规定以下主要参考指标,供各校根据自身实际情况选用:

1. 本科学制:基本学制四年,实行学分制的学校可以调整为3~6年;
2. 一般四年制专业,总学分数在155~175之间,总学时控制在2500学时左右;
3. 实践教学学分占总学分的比例不小于20%;
4. 学时与学分的折算办法:未实行学分制的高校,学时与学分的折算由各校自行决定。《专业规范》建议理论课程按16学时折算1学分,实践体系中的生产实习、毕业实习、课程设计、毕业设计(论文)等实践环节按1周折算为1学分。

八、附件

附件 1

物业管理专业知识体系（知识领域、知识单元和知识点）

人文社会科学、自然科学、工具性知识体系的知识领域、推荐课程和建议学时　　表 1-1

序号	知识体系	知识领域		建议学时	推荐课程
		编号	知识描述		
1	人文社会科学知识（332学时）	1-1	哲学	204	毛泽东思想和中国特色社会主义理论体系、马克思主义基本原理、中国近代史纲要、思想道德修养与法律基础、体育、军事理论、文学欣赏、艺术鉴赏、大学生心理健康教育、大学生职业发展与就业创业指导
		1-2	政治学		
		1-3	历史学		
		1-4	法学		
		1-5	社会学		
		1-6	心理学		
		1-7	艺术		
		1-8	文学		
		1-9	体育	128	
		1-10	军事	2周	
2	自然科学知识（240学时）	2-1	数学	208	高等数学、线性代数、概率论与数理统计、环境保护概论
		2-2	环境科学基础	32	
3	工具性知识（384学时）	3-1	外国语	256	大学外语、计算机信息技术、文献检索、程序设计语言、数据库技术
		3-2	信息科学技术	64	
		3-3	计算机技术与应用	64	
4	总计			956	19

专业知识体系的知识领域、推荐课程和建议学时　　表 1-2

序号	知识领域	推荐课程	建议学时
1	工程技术基础	房屋建筑学、建筑识图、建筑材料、物业设施设备工程	152
2	经济、管理、法律相关理论与方法	经济学原理、工程经济学、房地产经济学、管理学原理、应用统计学、会计学、财务管理、经济法	312
3	物业管理理论与方法	物业管理专业导论、物业管理理论与实务、设施管理、物业设施设备维护与管理、物业服务质量管理、物业经营管理、服务营销、房地产估价、物业管理法规	344
4	物业管理信息化技术	物业智能化系统管理、物业管理信息系统及运用	72
5	总计	23	880

工程技术基础知识领域的知识单元、知识点及建议学时　　表 1-2-1

知识单元		知识点			建议学时	推荐课程（学时）
序号	描述	编号	描述	要求		
1	建筑学概述	1-1	不同标准下建筑类别的划分	熟悉	4	房屋建筑学（40学时）
		1-2	建筑模数协调统一标准	熟悉		
		1-3	建筑设计程序与阶段划分	熟悉		
		1-4	建筑的含义、构成要素及划分等级	掌握		
2	民用建筑平面设计	2-1	民用建筑平面设计内容	了解	4	
		2-2	交通联系部分设计重点	熟悉		
		2-3	建筑平面组合设计内容	熟悉		
		2-4	房间的平面设计重点	掌握		
3	民用建筑剖面设计	3-1	房间剖面形状的确定	了解	4	
		3-2	层高及各部分标高的确定	了解		
		3-3	建筑剖面设计的主要内容	熟悉		
		3-4	建筑空间的组合与利用	掌握		
4	建筑体型与立面设计	4-1	建筑构图的基本法则	了解	6	
		4-2	建筑造型的原则	了解		
		4-3	建筑体型设计要点	熟悉		
		4-4	建筑立面设计要点	熟悉		
		4-5	建筑体量的联接与交接	熟悉		
		4-6	建筑体型组合、转折与转角	熟悉		
5	民用建筑构造概论	5-1	建筑构造的设计原理	了解	4	
		5-2	影响建筑构造的因素	熟悉		
		5-3	建筑物的构造组成及作用	掌握		
6	基础和地下室	6-1	基础及地下室的功能与作用	了解	4	
		6-2	基础的埋置深度及影响因素	了解		
		6-3	基础的类型及构造特点	掌握		
		6-4	地下室的构造特征	掌握		
7	墙体	7-1	墙体的作用、类型及设计要求	掌握	4	
		7-2	砖墙、砌块墙、隔墙构造特点	熟悉		
		7-3	墙体的保温构造内容及设计	掌握		
		7-4	墙面装修做法	掌握		
8	楼板层	8-1	现浇钢混楼板的类型、结构特点及其经济跨度	熟悉	2	
		8-2	钢筋混凝土楼板、地坪层级地面装饰、楼底层细部、阳台与雨篷的构造特点	掌握		
9	楼梯	9-1	楼梯的形式、布置方式、要求及设计方法	了解	4	
		9-2	楼梯的尺寸类型	了解		

续表

知识单元		知识点			建议学时	推荐课程（学时）
序号	描述	编号	描述	要求		
9	楼梯	9-3	室外台阶与坡道、电梯与自动扶梯的设计要点	熟悉	4	房屋建筑学（40学时）
		9-4	钢混楼梯的构造特点及细部处理	掌握		
10	屋顶	10-1	屋顶设计构造要点、主要内容	了解	4	
		10-2	屋顶排、防水组织方式与构造	熟悉		
		10-3	屋顶的保温隔热方式	熟悉		
		10-4	柔性卷材防水屋面、涂膜防水屋面及刚性防水屋面的构造及做法	熟悉		
1	投影基础	1-1	建筑制图与识图的主要内容	熟悉	4	建筑识图（40学时）
		1-2	点、线、面的投影规则	熟悉		
		1-3	投影变换方法和基本知识	熟悉		
2	立体的投影	2-1	立体投影特征	了解	6	
		2-2	立体投影的构成方法	熟悉		
		2-3	截交线、相贯线投影方法	掌握		
3	形体的表达	3-1	轴测图的投影及画法	了解	4	
		3-2	组合图的投影方法	了解		
		3-3	剖面图及断面图的基本知识	掌握		
4	建筑施工图	4-1	建筑施工图分类、作用及图示	了解	8	
		4-2	总平面图的识读	掌握		
		4-3	建筑平面、立面、剖面图的识读	掌握		
		4-4	建筑详图的识读	掌握		
5	结构施工图	5-1	钢筋混凝土结构平法施工图的形成、主要内容及识读方法	熟悉	6	
		5-2	基础图、楼层屋面结构图、钢筋混凝土构件详图的识读	掌握		
		5-3	结构施工图的主要内容	掌握		
6	单层工业厂房施工图	6-1	单层工业厂房施工图的构成及类型	了解	6	
		6-2	单层工业厂房主要构配件	熟悉		
		6-3	钢筋混凝土及钢结构的单层工业厂房施工图的识读	掌握		
7	建筑给水排水工程图	7-1	给水排水工程内容及原理	熟悉	6	
		7-2	建筑室内、建筑小区给水排水工程图的识读	掌握		
		7-3	管道上构配件详图的识读	掌握		
		7-4	常用的建筑内部给水排水工程基本图样的识读	掌握		

续表

知识单元		知识点			建议学时	推荐课程（学时）
序号	描述	编号	描述	要求		
1	建筑材料引论	1-1	建筑材料的分类	熟悉	1	建筑材料（32学时）
		1-2	建筑材料的发展史及前景	了解		
2	材料的基本性质	2-1	材料的组成、结构和构造	了解	2	
		2-2	材料的物理、力学性质	掌握		
3	建筑结构材料的力学性能	3-1	材料的弹性、塑性和延性	掌握	1	
		3-2	材料的基本力学性能指标	熟悉		
4	气硬性无机胶凝材料	4-1	石膏的技术性质与应用	掌握	2	
		4-2	石灰的技术性质与应用	掌握		
		4-3	其他气硬性材料	了解		
5	水泥、混凝土、建筑砂浆	5-1	水泥生产、组成与特性	掌握	10	
		5-2	水泥的技术性质与应用	熟悉		
		5-3	混凝土的组成材料及其技术要求	熟悉		
		5-4	混凝土质量控制的常用方法	熟悉		
		5-5	混凝土的配合比设计	熟悉		
		5-6	混凝土外加剂的分类及应用	掌握		
		5-7	建筑砂浆的分类、组成与制作	熟悉		
6	墙体和屋面材料	6-1	砖与砌块的生产、应用及技术性能指标	掌握	4	
		6-2	常用墙体板材的种类及相关技术指标	了解		
		6-3	屋面材料	了解		
7	钢材与木材	7-1	工程用钢材的力学性能、选用标准与工艺处理	熟悉	4	
		7-2	木材的分类、力学性质与应用	熟悉		
8	钢筋和混凝土材料的力学性能	8-1	钢筋的力学性能	掌握	2	
		8-2	混凝土的力学性能	掌握		
		8-3	粘结与锚固	熟悉		
9	高分子材料	9-1	沥青材料的技术性质、质量标准与选用	熟悉	2	
		9-2	工程用塑料的组成成分、性能与应用	熟悉		
		9-3	工程中常用胶粘剂的应用	了解		
10	其他工程材料	10-1	防水材料	熟悉	4	
		10-2	保温隔热材料	熟悉		
		10-3	吸声隔声材料	熟悉		
		10-4	防火材料	熟悉		

续表

知识单元		知识点			建议学时	推荐课程（学时）
序号	描述	编号	描述	要求		
1	设施设备概述	1-1	物业设施设备的分类	掌握	2	物业设施设备工程（40学时）
		1-2	物业设施设备的作用	掌握		
2	设施设备基础知识	2-1	传热学基础	熟悉	4	
		2-2	流体力学基础	熟悉		
		2-3	电工学基础	熟悉		
3	给水排水系统	3-1	室内给水排水系统	掌握	4	
		3-2	小区给水排水系统	熟悉		
		3-3	中水系统及雨水回用	了解		
4	室内供暖与燃气供应系统	4-1	供暖系统的分类与供暖负荷	熟悉	4	
		4-2	热水供暖系统	掌握		
		4-3	热源与散热设备	了解		
		4-4	室内燃气供应	掌握		
5	通风及空气调节系统	5-1	建筑通风及空气调节系统分类	掌握	4	
		5-2	空气处理过程与处理设备	熟悉		
		5-3	空调房间的气流组织	熟悉		
		5-4	空调系统	掌握		
6	低压配电系统	6-1	电能的产生、输送和分配	熟悉	5	
		6-2	负荷的分类及计算	熟悉		
		6-3	配电系统	掌握		
		6-4	光伏发电	了解		
7	电梯与电机	7-1	电梯的分类、组成及工作原理	掌握	4	
		7-2	电机	熟悉		
8	电气照明	8-1	照明系统的分类	熟悉	2	
		8-2	照明光源与灯具	熟悉		
		8-3	景观照明及庭院照明	了解		
9	建筑消防系统	9-1	建筑消防系统组成	掌握	4	
		9-2	火灾自动报警系统	掌握		
		9-3	自动消防灭火系统	掌握		
		9-4	建筑防火排烟系统	熟悉		
10	建筑智能化系统	10-1	网络、通信及有线电视系统	熟悉	3	
		10-2	安保监视系统	掌握		
		10-3	能源监测系统	熟悉		
		10-4	办公自动化系统	熟悉		
		10-5	综合布线	了解		

续表

知识单元		知识点			建议学时	推荐课程（学时）
序号	描述	编号	描述	要求		
11	安全用电与建筑防雷	11-1	安全用电	掌握	2	物业设施设备工程（40学时）
		11-2	建筑防雷	熟悉		
12	物业能源管理与可再生能源利用	12-1	能源监测系统	熟悉	2	
		12-2	分布式能源系统	了解		
		12-3	可再生能源热水系统	了解		
		12-4	光伏发电原理与应用	了解		
合计：39		133			152	

经济、管理、法律相关理论与方法知识领域的知识单元、知识点及建议学时　表 1-2-2

知识单元		知识点			建议学时	推荐课程（学时）
序号	描述	编号	描述	要求		
1	经济学引论	1-1	经济学基本概念	了解	2	经济学原理（48学时）
		1-2	宏观经济学与微观经济学的研究对象	熟悉		
		1-3	经济学研究方法	掌握		
2	供求理论	2-1	市场供求与运行机制	掌握	8	
		2-2	需求与需求曲线	掌握		
		2-3	供给与供给曲线	掌握		
		2-4	影响需求、供给的因素	掌握		
		2-5	市场均衡形成机制	熟悉		
3	弹性理论	3-1	需求、供给价格弹性的含义、分类与计算	掌握	6	
		3-2	需求收入弹性	掌握		
		3-3	影响需求、供给价格弹性的因素	掌握		
		3-4	需求弹性在管理决策、统计计量与生产经营中的应用	熟悉		
4	生产理论	4-1	生产要素与生产函数	掌握	6	
		4-2	规模与收益	熟悉		
		4-3	生产要素的最优组合	掌握		
		4-4	边际收益递减规律的内容与意义	熟悉		
5	成本利润分析	5-1	成本的概念与分类	熟悉	4	
		5-2	成本函数及曲线	掌握		
		5-3	厂商收益及相关概念	了解		
		5-4	收益曲线含义及意义	了解		
		5-5	利润最大化的原则	掌握		

续表

知识单元		知识点			建议学时	推荐课程（学时）
序号	描述	编号	描述	要求		
6	市场结构理论	6-1	市场结构含义	掌握	6	经济学原理（48学时）
		6-2	完全竞争、垄断条件下的企业行为模式	掌握		
		6-3	垄断竞争条件下的企业行为模式	掌握		
		6-4	寡头垄断条件下的企业行为模式	熟悉		
7	消费者行为理论	7-1	效用、基数效应理论和序数效用理论	熟悉	4	
		7-2	劳动要素的需求与供给原理	掌握		
8	生产要素理论	8-1	工资、利息、地租和利润的决定	了解	6	
		8-2	洛伦兹曲线和基尼系数	了解		
		8-3	生产要素的含义及其类型与派生要求的含义	熟悉		
		8-4	生产要素需求特点、影响因素及需求曲线	熟悉		
		8-5	厂商在不同产品市场与要素市场组合下对要素的要求	熟悉		
9	宏观经济学基础知识	9-1	宏观经济学及其理论发展与演变	熟悉	6	
		9-2	失业和通货膨胀，经济周期理论	熟悉		
		9-3	总收入、总支出与国民生产总值核算	掌握		
		9-4	投资需求分析，国民收入决定的简单模型	掌握		
		9-5	货币供求与利率的决定，产品市场与货币市场的同时均衡	掌握		
		9-6	总供给与总需求的均衡，经济增长理论	掌握		
		9-7	宏观财政、货币政策	了解		
		9-8	宏观经济政策的混合使用和"自动稳定器"	熟悉		
1	工程经济学引论	1-1	工程经济学的性质	了解	2	工程经济学（40学时）
		1-2	生产与发展及研究对象	了解		
		1-3	工程经济学分析的基本原则和步骤	熟悉		
2	现金流量的构成与资金时间价值理论	2-1	现金流量的概念及其构成	掌握	4	
		2-2	资金时间价值	掌握		
		2-3	名义利率与实际利率	熟悉		
3	工程技术方案经济效果评价方法	3-1	工程技术方案经济效果评价指标体系	掌握	8	
		3-2	时间性经济评价指标的计算与评价方法	掌握		
		3-3	价值性评价指标与评价方法	掌握		
		3-4	比率性评价指标与评价方法	掌握		
		3-5	各类方案的选优方法	掌握		

续表

知识单元		知识点			建议学时	推荐课程（学时）
序号	描述	编号	描述	要求		
4	风险与不确定性分析	4-1	不确定性分析的内容	熟悉	4	工程经济学（40学时）
		4-2	盈亏平衡分析的含义、作用及方法	掌握		
		4-3	敏感性分析的方法	掌握		
		4-4	风险分析方法	熟悉		
5	项目的财务评价	5-1	项目财务评价的指标体系和步骤	熟悉	8	
		5-2	项目财务评价的方法	掌握		
		5-3	项目财务评价的基本报表	掌握		
6	项目国民经济评价	6-1	项目国民经济评价的指标体系和步骤	掌握	4	
		6-2	项目国民经济评价的方法	掌握		
		6-3	项目社会评价	了解		
7	设备更新	7-1	设备磨损与设备大修	了解	4	
		7-2	设备更新的条件与时机选择	了解		
		7-3	更新方案的选择方法	了解		
		7-4	设备租赁与购置的方案比较	熟悉		
8	价值工程与价值分析	8-1	价值工程的概念与对象选择	了解	4	
		8-2	价值分析的步骤	了解		
		8-3	功能分析与研究的方法	掌握		
		8-4	价值工程方案评价与实施	熟悉		
9	项目后评价	9-1	项目后评价的基本概念、内容	了解	2	
		9-2	项目后评价的基本方法	掌握		
1	绪论	1-1	房地产在国民经济中的地位及作用	了解	4	房地产经济学（32学时）
		1-2	房地产经济学的内容和研究对象	熟悉		
		1-3	房地产、房地产业及其相关行业	掌握		
		1-4	乘数投资及引致消费乘数	掌握		
2	地租理论	2-1	地租产生的原因及存在形态	了解	4	
		2-2	城市地租、级差地租与绝对地租	了解		
		2-3	古典经济学地租理论的主要思想	掌握		
		2-4	马克思地租理论的主要思想	掌握		
		2-5	新古典经济学地租理论的主要思想	掌握		
3	区位理论	3-1	区位理论的发展	了解	3	
		3-2	农业区位理论	熟悉		
		3-3	中心地说	熟悉		
		3-4	工业区位理论	掌握		
		3-5	原料指数	掌握		
		3-6	影响房地产区位的因素	掌握		

续表

知识单元		知识点			建议学时	推荐课程（学时）
序号	描述	编号	描述	要求		
4	房地产价格	4-1	房地产价格形成机制	了解	3	房地产经济学（32学时）
		4-2	房地产价格的类型、构成及影响因素	熟悉		
		4-3	房屋折旧	了解		
5	房地产市场	5-1	房地产市场的一般规律	了解	3	
		5-2	房地产市场结构及运行机制	熟悉		
		5-3	房地产市场分析	掌握		
6	房地产经济波动	6-1	房地产经济波动与国民经济发展的内在联系	了解	3	
		6-2	房地产经济波动的内外运行机制	熟悉		
		6-3	房地产经济波动的概念、类型及相关波动指标	掌握		
7	房地产产权	7-1	我国房地产产权结构	了解	3	
		7-2	典型国家房地产产权	了解		
		7-3	产权理论及科斯定理	掌握		
8	房地产制度	8-1	我国土地及住房制度的历史与发展	了解	3	
		8-2	城市土地使用制度	熟悉		
		8-3	我国住房制度及其改革	熟悉		
9	房地产税收	9-1	房地产税收的分类及相关内容	熟悉	3	
		9-2	房地产税收的征收方式及税额计算	熟悉		
		9-3	我国现行的房地产税收制度	掌握		
10	房地产宏观调控	10-1	房地产宏观调控的背景及重要性	了解	3	
		10-2	房地产调控的内容及特点	熟悉		
		10-3	房地产调控的主要政策手段及其对比分析	掌握		
1	管理学引论	1-1	管理的职能、地位与作用	掌握	2	管理学原理（48学时）
		1-2	管理者角色及技能	掌握		
2	管理思想发展史	2-1	近现代管理理论	了解	4	
		2-2	我国管理思想发展与实践	了解		
3	管理的基本原理和方法	3-1	管理的基本原理	熟悉	10	
		3-2	管理的基本方法	熟悉		
4	计划职能	4-1	计划的类型、性质及编制过程	熟悉	6	
		4-2	计划的方法与技术	掌握		
		4-3	企业资源计划	掌握		
5	组织职能	5-1	组织结构类型	掌握	6	
		5-2	组织设计与制度规范	熟悉		
		5-3	团队与组织文化	掌握		

续表

知识单元		知 识 点			建议学时	推荐课程（学时）
序号	描述	编号	描述	要求		
6	控制职能	6-1	控制原理、控制类型	掌握	5	管理学原理（48学时）
		6-2	控制的方法与技术	熟悉		
7	领导职能	7-1	领导的基本理论	熟悉	4	
		7-2	领导者及其素质	熟悉		
		7-3	领导方式与效能	掌握		
8	激励职能	8-1	激励的一般原则和基本理论	掌握	5	
		8-2	激励的基本方法与技巧	掌握		
9	沟通职能	9-1	沟通的作用、种类	了解	2	
		9-2	沟通的障碍与克服方法	掌握		
		9-3	冲突与谈判	熟悉		
10	决策职能	10-1	决策的过程与影响因素	熟悉	4	
		10-2	决策理论	熟悉		
		10-3	决策的方法与技术	掌握		
1	统计资料	1-1	统计资料的定义与构成	掌握	3	应用统计学（32学时）
		1-2	统计资料的调查与收集	掌握		
		1-3	统计资料的误差	掌握		
2	统计资料的整理	2-1	统计表	掌握	2	
		2-2	双变量的二元分布	掌握		
3	统计资料的综合	3-1	表示集中位置的特征数	掌握	2	
		3-2	表示变异（分散）程度的特征数	掌握		
4	统计抽样和抽样分布	4-1	抽样的基本概念	掌握	2	
		4-2	与正态分布有关的概率分布	掌握		
		4-3	统计量的抽样分布	掌握		
5	参数估计	5-1	点估计	掌握	3	
		5-2	区间估计	掌握		
		5-3	样本容量的确定	掌握		
6	统计假设检验	6-1	统计假设检验的基本概念	掌握	4	
		6-2	正态总体参数的假设检验	掌握		
		6-3	总体比率的假设检验	掌握		
7	一元线性回归	7-1	回归分析的基本概念	熟悉	8	
		7-2	一元线性回归模型和显著性检验	掌握		
		7-3	总离差平方和的分解	掌握		
		7-4	样本确定系数与样本相关系数	掌握		
		7-5	模型适合性分析	掌握		
		7-6	E（Y）的区间估计及因变量Y的预测方法	掌握		

续表

知识单元		知识点			建议学时	推荐课程（学时）
序号	描述	编号	描述	要求		
8	多元线性回归	8-1	多元线性回归模型及显著性检验	熟悉	4	应用统计学（32学时）
		8-2	可线性化的回归方程	了解		
		8-3	模型适合性分析	了解		
9	时间序列和指数	9-1	时间序列及其分解模型	掌握	4	
		9-2	时间序列的平滑移动平均法	掌握		
		9-3	趋势曲线	掌握		
		9-4	线性趋势与非线性趋势	熟悉		
		9-5	季节变动与循环变动	熟悉		
1	总论	1-1	会计的产生与发展	了解	4	会计学（48学时）
		1-2	会计的特点、任务与作用	熟悉		
		1-3	会计的基本职能	掌握		
		1-4	会计的核算方法	掌握		
2	会计要素与会计等式	2-1	资金循环过程	了解	4	
		2-2	会计等式的基本原理	了解		
		2-3	会计对象	熟悉		
		2-4	六大会计要素	掌握		
		2-5	会计等式的内容	掌握		
3	会计核算基础	3-1	会计要素的确认	熟悉	8	
		3-2	收付实现制	熟悉		
		3-3	会计核算的前提条件	熟悉		
		3-4	会计信息质量特征	熟悉		
		3-5	会计要素确认与计量要求	熟悉		
		3-6	权责发生制	熟悉		
4	账户和复式记账	4-1	账户与会计科目	了解	4	
		4-2	试算平衡	了解		
		4-3	会计科目、账户及其分类	熟悉		
		4-4	复式记账原理	熟悉		
		4-5	总分类账户与明细分类账户的平行登记	熟悉		
		4-6	借贷记账法	掌握		
5	企业主要经济业务核算	5-1	企业经济业务的类型	了解	8	
		5-2	成本计算的方法	熟悉		
		5-3	货币资金的管理	熟悉		
		5-4	供应、生产、销售过程业务的核算	掌握		
		5-5	财务成果与分配业务的核算	掌握		
		5-6	资金筹集的核算	掌握		

续表

知识单元		知识点			建议学时	推荐课程（学时）
序号	描述	编号	描述	要求		
6	会计凭证	6-1	会计凭证的审核、传递和保管	了解	4	会计学（48学时）
		6-2	会计凭证的基本内容与填制方法	熟悉		
		6-3	会计凭证的含义与分类	掌握		
7	会计账簿	7-1	会计账簿的格式与登记	了解	4	
		7-2	结账与对账	了解		
		7-3	账簿的更换与保管	了解		
		7-4	错账查找及更止	熟悉		
		7-5	会计账簿	掌握		
8	财产清查	8-1	财产清查的意义及种类	了解	4	
		8-2	永续盘存制与实地盘存制	熟悉		
		8-3	货币、实务资产及应收款的清查方法	掌握		
		8-4	财产清查结果的会计处理	掌握		
9	财务会计报表	9-1	会计报表内容及其附注	掌握	8	
		9-2	资产负债表及其编制	掌握		
		9-3	利润表及其编制	掌握		
		9-4	现金流量表及其编制	掌握		
1	财务管理概念	1-1	财务管理概念	掌握	2	财务管理（32学时）
		1-2	财务管理的内容与目标	熟悉		
2	财务管理的价值观念	2-1	风险、复利、年金现值等	了解	4	
		2-2	时间价值的经济实质	熟悉		
		2-3	风险及收益衡量指标的计算	熟悉		
3	财务分析	3-1	财务分析方法的种类及局限	了解	6	
		3-2	各类财务分析的方法	熟悉		
		3-3	各类基本财务比率的计算	掌握		
4	企业筹资管理	4-1	负债及权益资金的筹集	了解	6	
		4-2	筹资渠道与筹资方式的对应关系	熟悉		
		4-3	银行借款的信用条件	熟悉		
		4-4	企业筹资组合策略	熟悉		
5	长期筹资决策	5-1	杠杆分析	熟悉	4	
		5-2	自有资本结构决策	熟悉		
		5-3	资本成本和资本结构的计算与分析	掌握		
6	投资决策管理	6-1	投资项目的风险分析	了解	3	
		6-2	项目投资决策的基本方法	熟悉		
		6-3	投资决策的基础——现金流量	掌握		

续表

知识单元		知识点			建议学时	推荐课程（学时）
序号	描述	编号	描述	要求		
7	运营资金管理	7-1	最近现金持有量的确定	熟悉	4	财务管理（32学时）
		7-2	经济批量模型和存货储存期控制	熟悉		
		7-3	现金管理	掌握		
		7-4	应收账款管理与存货管理	掌握		
8	股利理论与政策	8-1	股票分割和股票回购	了解	3	
		8-2	利润分配的程序	掌握		
		8-3	股利政策的确定	掌握		
1	经济法引论	1-1	经济法的含义	掌握	4	经济法（32学时）
		1-2	经济法调整对象	掌握		
		1-3	经济法律关系	掌握		
2	企业法	2-1	个人独资企业法	掌握	4	
		2-2	合伙企业法	掌握		
		2-3	国有工业企业法	熟悉		
		2-4	外商投资企业法	熟悉		
		2-5	企业破产法	熟悉		
3	公司法	3-1	公司的含义	掌握	6	
		3-2	公司的类型	掌握		
		3-3	公司财务会计	熟悉		
4	知识产权法	4-1	知识产权的含义	掌握	6	
		4-2	商标法	掌握		
		4-3	专利法	掌握		
		4-4	著作权法	掌握		
5	税法	5-1	税收概述	掌握	6	
		5-2	增值税、消费税和营业税	掌握		
		5-3	所得税	掌握		
		5-4	税收征收管理	熟悉		
6	合同法	6-1	合同的订立	掌握	6	
		6-2	合同的效力与履行	掌握		
		6-3	合同的变更或解除	熟悉		
		6-4	合同责任	掌握		
		6-5	主要合同类型	熟悉		
合计：70			254		312	

物业管理理论与方法知识领域的知识单元、知识点及建议学时　　　　表 1-2-3

知识单元		知识点			建议学时	推荐课程（学时）
序号	描述	编号	描述	要求		
1	物业管理基本知识	1-1	物业的概念与类别	掌握	6	物业管理专业导论（16学时）
		1-2	物业管理的概念与类别	掌握		
		1-3	物业管理的内容	熟悉		
		1-4	物业管理的参与主体	熟悉		
		1-5	物业管理与房地产开发的关系	熟悉		
		1-6	物业管理的意义	熟悉		
2	物业管理行业发展历程	2-1	国外物业管理行业的起源与发展	了解	4	
		2-2	国内物业管理行业的兴起与发展	熟悉		
		2-3	物业管理行业在国民经济中的地位	了解		
		2-4	物业管理行业发展动态与展望	了解		
3	物业管理专业学习	3-1	物业管理专业内涵	熟悉	4	
		3-2	物业管理专业培养目标与规格	熟悉		
		3-3	物业管理专业知识结构与课程体系	熟悉		
		3-4	物业管理专业学习方法与特点	掌握		
		3-5	物业管理学科研究领域与发展动态	了解		
4	物业管理职业发展	4-1	物业管理职业伦理与责任	熟悉	2	
		4-2	物业管理专业学生择业方向与职业发展	了解		
1	物业管理概论	1-1	物业概念与性质	熟悉	4	物业管理理论与实务（64学时）
		1-2	物业管理的概念与性质	掌握		
		1-3	物业管理类别、内容与原则	掌握		
2	物业管理基本理论	2-1	产权理论	掌握	8	
		2-2	公共选择理论	熟悉		
		2-3	委托代理理论	掌握		
		2-4	社区治理理论等	了解		
3	物业管理基本制度与政策	3-1	我国现行法的基本体系和法律责任	了解	3	
		3-2	我国物业管理的法制建设	熟悉		
		3-3	物业管理条例的主要内容	掌握		
4	业主与业主大会制度	4-1	管理公约的内容	熟悉	3	
		4-2	业主、业主大会和业主委员会	掌握		
5	物业服务企业	5-1	物业服务企业的内涵	了解	3	
		5-2	物业服务企业设立的基本程序和要求	熟悉		
		5-3	物业服务企业的组织形式与机构	掌握		
6	物业的早期介入和前期管理	6-1	早期介入	熟悉	5	
		6-2	承接查验	熟悉		
		6-3	前期物业管理	熟悉		

续表

知识单元		知识点			建议学时	推荐课程（学时）
序号	描述	编号	描述	要求		
7	物业管理服务	7-1	物业管理服务的类型与内容	熟悉	6	物业管理理论与实务（64学时）
		7-2	公共秩序管理服务	掌握		
		7-3	清洁与绿化养护服务	掌握		
		7-4	日常客户服务	掌握		
		7-5	延伸经营服务	熟悉		
8	房屋维修管理	8-1	房屋维修及其管理内容	掌握	4	
		8-2	房屋检测与安全诊断	熟悉		
		8-3	房屋维修工程的组织管理	掌握		
		8-4	房屋维修标准和考核指标	了解		
9	物业设备管理	9-1	物业设备管理内容	掌握	4	
		9-2	常见物业设备的保养及维修管理	掌握		
		9-3	物业设备的成本管理	熟悉		
10	物业财务管理	10-1	物业财务管理的内涵	了解	4	
		10-2	物业服务费与物业专项维修资金	掌握		
		10-3	物业收支预算和成本管理	掌握		
11	物业风险管理	11-1	物业风险管理内涵及必要性	熟悉	4	
		11-2	物业风险管理的主要类型	熟悉		
		11-3	物业风险的防范	掌握		
12	物业保险管理	12-1	保险基本知识	熟悉	4	
		12-2	保险合同	熟悉		
		12-3	物业管理涉及的险种	掌握		
13	不同类型物业的管理	13-1	居住物业管理	掌握	6	
		13-2	商业物业管理	掌握		
		13-3	工业物业管理	熟悉		
		13-4	其他物业管理	熟悉		
14	物业管理从业人员	14-1	物业管理从业人员职业资格与技能	熟悉	2	
		14-2	物业管理从业人员职业道德	熟悉		
15	境外物业管理	15-1	香港、台湾地区的物业管理	熟悉	4	
		15-2	新加坡的物业管理	了解		
		15-3	美国的物业管理	了解		
		15-4	欧洲一些国家的物业管理	了解		
1	设施管理概述	1-1	设施管理基本概念	掌握	3	设施管理（48学时）
		1-2	设施管理历史和发展趋势	熟悉		
		1-3	设施管理知识体系和专业能力	掌握		

23

续表

知识单元		知识点			建议学时	推荐课程（学时）
序号	描述	编号	描述	要求		
2	设施管理的战略规划	2-1	设施战略管理主要流程	了解	3	设施管理（48学时）
		2-2	设施战略规划	掌握		
		2-3	设施场所选址	熟悉		
3	设施管理组织	3-1	设施管理相关方	熟悉	4	
		3-2	设施管理组织模式	掌握		
		3-3	设施管理组织制度体系	熟悉		
4	空间管理	4-1	空间需求分析与配置	熟悉	3	
		4-2	空间搬迁管理	熟悉		
5	设施价值管理	5-1	全生命周期成本管理	掌握	4	
		5-2	经济寿命管理	熟悉		
		5-3	价值工程及其在设施管理中的应用	熟悉		
6	设施管理外包	6-1	设施管理外包概述	熟悉	3	
		6-2	设施管理外包决策	掌握		
		6-3	设施管理服务外包采购与合同	熟悉		
7	设施运行与维护	7-1	设施运行管理	掌握	5	
		7-2	设施维护管理	掌握		
8	设施环境管理	8-1	环境要素分析	掌握	3	
		8-2	环境管理体系	掌握		
		8-3	设施环境评价体系	了解		
9	设施能源管理	9-1	能源消耗构成和基准指标	熟悉	4	
		9-2	能源管理体系	掌握		
		9-3	能源审核	掌握		
		9-4	合同能源管理	了解		
10	设施客户关系管理	10-1	设施客户服务	掌握	3	
		10-2	设施客户关系管理	熟悉		
11	设施管理绩效与审核	11-1	设施管理关键绩效指标	熟悉	4	
		11-2	设施管理服务水平协议	熟悉		
		11-3	设施管理审核	掌握		
12	设施运营持续管理	12-1	设施运营影响分析和风险评估	熟悉	4	
		12-2	设施运营持续管理策略方案	掌握		
		12-3	设施运营持续响应计划与管理实施	熟悉		
13	信息技术在设施管理中的应用	13-1	设施管理信息技术发展和作用	了解	5	
		13-2	设施管理信息分析与系统模型	熟悉		
		13-3	设施管理信息系统实施	了解		
		13-4	设施管理信息系统专业软件	熟悉		
		13-5	设施管理中BIM应用	熟悉		

续表

知识单元		知识点			建议学时	推荐课程（学时）
序号	描述	编号	描述	要求		
1	概论	1-1	设施设备维护与管理的内容与特点	熟悉	5	物业设施设备维护与管理（40学时）
		1-2	设施设备管理的理论	掌握		
		1-3	设施设备管理的发展历程与发展趋势	了解		
2	物业设施设备维护与管理机构配置	2-1	设施设备维护与管理机构设置	熟悉	2	
		2-2	设施设备维护与管理人员职责	掌握		
		2-3	设施设备维护与管理相关机构与职能	熟悉		
3	物业设施设备的基础管理	3-1	设施设备的承接查验	掌握	5	
		3-2	设施设备台账和档案管理	熟悉		
		3-3	设备的运行管理	掌握		
		3-4	设施设备的停用与封存	掌握		
		3-5	设施设备的购置与报废管理	熟悉		
4	物业设施设备的维修管理	4-1	设施设备维护与保养	掌握	5	
		4-2	设施设备的维修管理	掌握		
		4-3	设施设备专项维修资金的管理	掌握		
5	物业设施设备维修养护工程外包	5-1	养护工程业务外包模式分析	熟悉	3	
		5-2	养护工程业务外包项目管理	熟悉		
		5-3	养护工程外包业务的监督验收	熟悉		
6	给水排水系统的维护与管理	6-1	室内给水排水系统维护与管理	掌握	4	
		6-2	小区给水排水系统维护与管理	掌握		
		6-3	热水和饮水供应系统维护与管理	熟悉		
		6-4	小区水景工程和游泳池维护与管理	熟悉		
7	暖通空调燃气系统维护与管理	7-1	供暖系统维护与管理	熟悉	3	
		7-2	建筑通风与防排烟维护与管理	熟悉		
		7-3	空调系统维护与管理	熟悉		
		7-4	燃气供应设施维护与管理	熟悉		
8	建筑消防系统维护与管理	8-1	消防系统的维护与管理	掌握	4	
		8-2	消防系统的定期检测、试验	熟悉		
		8-3	物业消防系统故障应急管理	掌握		
9	建筑电气系统的维护与管理	9-1	建筑供配电系统的维护与管理	熟悉	3	
		9-2	电气照明系统的维护与管理	熟悉		
		9-3	建筑防雷系统的维护与管理	熟悉		
10	电梯系统的维护与管理	10-1	电梯系统的运行管理	掌握	3	
		10-2	电梯设备的维护管理	掌握		
		10-3	电梯设备的大修与更新	熟悉		
11	建筑弱电系统的维护与管理	11-1	弱电系统的日常检查与维护保养	熟悉	3	
		11-2	弱电系统管理与故障处理	熟悉		

续表

知识单元		知识点			建议学时	推荐课程（学时）
序号	描述	编号	描述	要求		
1	服务管理概论	1-1	服务概念	了解	3	物业服务质量管理（32学时）
		1-2	服务行为、服务产品的特征	熟悉		
		1-3	服务管理的内涵	掌握		
2	质量与质量管理	2-1	质量与质量管理概念	熟悉	3	
		2-2	质量管理相关理论	熟悉		
		2-3	质量管理的基本原则	掌握		
3	物业服务质量	3-1	物业服务质量的概念与特性	掌握	3	
		3-2	物业服务质量标准及其制定	掌握		
4	物业服务质量管理	4-1	物业服务质量管理概述	熟悉	3	
		4-2	物业服务质量管理原则	掌握		
		4-3	物业服务全面质量管理及体系	掌握		
5	物业服务质量控制	5-1	物业服务质量控制概念	熟悉	4	
		5-2	物业服务质量测量、控制方法与工具	熟悉		
		5-3	服务补救策略	掌握		
		5-4	质量控制工具的最新发展	了解		
6	物业服务客户期望管理	6-1	期望理论	了解	3	
		6-2	影响客户期望的主要因素及客户期望确定	掌握		
7	物业服务客户满意度测评	7-1	客户满意度测评的含义与意义	熟悉	5	
		7-2	客户满意度测评的方法、工具及实施	掌握		
		7-3	客户忠诚度的提升	熟悉		
8	ISO质量体系认证	8-1	ISO 9000标准的发展	了解	8	
		8-2	ISO 9000质量管理体系标准的结构与特点	熟悉		
		8-3	ISO 9000质量管理体系基础和术语	熟悉		
		8-4	ISO 9000质量管理体系要求	掌握		
		8-5	物业服务企业质量管理体系认证过程与要求	掌握		
1	物业经营管理概述	1-1	物业经营管理的概念	熟悉	3	物业经营管理（40学时）
		1-2	物业经营管理的层次	熟悉		
		1-3	物业经营管理的内容	掌握		
2	物业经营管理资源分析	2-1	物业经营管理资源类型	熟悉	3	
		2-2	物业经营管理资源运用	掌握		
3	物业经营管理市场分析	3-1	物业市场与市场分析	熟悉	4	
		3-2	物业服务经营市场与市场分析	熟悉		
		3-3	物业服务经营项目开发实施	掌握		

续表

序号	知识单元 描述	编号	知识点 描述	要求	建议学时	推荐课程（学时）
4	物业租赁经营管理	4-1	物业租赁概述	熟悉	3	物业经营管理（40学时）
		4-2	物业租约管理	掌握		
		4-3	物业租赁营销管理	掌握		
5	物业投资分析	5-1	投资分析基本知识	熟悉	5	
		5-2	物业投资财务评价	掌握		
		5-3	物业投资经营案例分析	掌握		
6	写字楼物业经营管理	6-1	写字楼物业经营管理内容	掌握	4	
		6-2	写字楼物业租赁经营管理	掌握		
7	零售商业物业经营管理	7-1	零售商业物业经营管理内容	掌握	4	
		7-2	零售商业物业租赁经营管理	掌握		
8	酒店物业经营管理	8-1	酒店物业经营管理模式	熟悉	3	
		8-2	酒店物业经营管理内容	掌握		
9	会所物业经营管理	9-1	会所物业经营管理内容与模式	掌握	3	
		9-2	会所物业经营问题解决与风险防范	熟悉		
10	产业园区物业经营管理	10-1	产业园区物业经营管理概述	熟悉	2	
		10-2	产业园区物业经营管理内容	掌握		
11	其他类型物业经营管理	11-1	其他类型物业经营管理概述	了解	2	
		11-2	其他类型物业经营管理内容	熟悉		
12	物业经营管理发展与创新	12-1	物业组合投资管理	熟悉	4	
		12-2	大型机构物业资产管理	熟悉		
		12-3	不良物业资产管理	熟悉		
		12-4	物业经营管理新技术、新方法、新模式	熟悉		
1	导论	1-1	服务的概念、类别	熟悉	4	服务营销（32学时）
		1-2	服务市场与产品	熟悉		
		1-3	顾客	掌握		
2	服务营销中消费者决策过程	2-1	消费者决策过程	熟悉	4	
		2-2	对于服务的特殊考虑	掌握		
3	服务提交过程	3-1	生产过程中的顾客参与	熟悉	4	
		3-2	营销和运作	熟悉		
		3-3	效率模型应用	熟悉		
		3-4	服务运作问题的潜在解决办法	熟悉		
4	顾客满意度度量	4-1	顾客满意的概念与重要性	掌握	4	
		4-2	顾客满意的利益	熟悉		
		4-3	顾客满意的度量	掌握		

续表

知识单元		知识点			建议学时	推荐课程（学时）
序号	描述	编号	描述	要求		
5	客户关系管理	5-1	客户关系管理的概念	掌握	4	服务营销（32学时）
		5-2	客户关系管理的内容	掌握		
		5-3	客户关系管理手段与技巧	掌握		
6	服务营销策略	6-1	服务营销与产品营销的区别	掌握	8	
		6-2	服务人员与对象确定	掌握		
		6-3	服务产品设计	掌握		
		6-4	服务定价	掌握		
		6-5	服务过程确定、控制与改进	掌握		
		6-6	服务有形展示	掌握		
		6-7	服务沟通与渠道建立	掌握		
		6-8	服务促销推广	掌握		
		6-9	服务营销策略在物业管理中的应用	掌握		
7	服务失误与补救	7-1	服务失误的类型与影响因素	熟悉	4	
		7-2	顾客抱怨行为分析	熟悉		
		7-3	服务补救的艺术	熟悉		
1	绪论	1-1	房地产估价的意义	了解	2	房地产估价（32学时）
		1-2	国内外房地产估价体系	了解		
2	房地产与房地产价格	2-1	房地产概念与特性	熟悉	3	
		2-2	房地产价格概念	熟悉		
		2-3	房地产价格的构成与类型	掌握		
3	影响房地产价格的因素	3-1	影响房地产价格的因素	熟悉	3	
		3-2	房地产价格弹性	掌握		
4	房地产估价原则	4-1	房地产估价人员、目的	熟悉	4	
		4-2	房地产估价原则	掌握		
5	市场比较法	5-1	市场比较法的概念及运用范围	熟悉	5	
		5-2	可比实例的选择与修正	熟悉		
		5-3	市场比较法的运用	掌握		
6	收益还原法	6-1	收益还原法概念及运用范围	熟悉	5	
		6-2	纯收益、还原利率及收益年限的确定	掌握		
		6-3	收益还原法的运用	掌握		
7	成本法	7-1	成本法的概念及运用范围	熟悉	4	
		7-2	新开发房地产的成本法估价	掌握		
		7-3	旧有房地产的成本法估价	掌握		
		7-4	成本法的运用	掌握		

续表

知识单元		知识点			建议学时	推荐课程（学时）
序号	描述	编号	描述	要求		
8	房地产估价其他方法	8-1	基准地价法	了解	3	房地产估价（32学时）
		8-2	路线价法	熟悉		
		8-3	长期趋势法	了解		
9	房地产估价实务	9-1	房地产估价程序	了解	3	
		9-2	房地产估价实务	熟悉		
1	物业管理法律制度概述	1-1	物业管理立法发展	了解	4	物业管理法规（40学时）
		1-2	物业管理法律关系	熟悉		
		1-3	物业管理法规的地位、作用	熟悉		
		1-4	物业管理法律规范表现形式	掌握		
2	物业权属法律制度	2-1	物权与物业权属	了解	3	
		2-2	土地权利和房屋权利	熟悉		
		2-3	建筑物区分所有权	掌握		
		2-4	物业权属登记管理	熟悉		
3	物业流转法律制度	3-1	物业流转概述	了解	3	
		3-2	物业转让、租赁、抵押法律规定	掌握		
4	业主自治法律制度	4-1	业主、业主大会和业主委员会	掌握	4	
		4-2	管理规约和议事规则	掌握		
		4-3	香港有关业主法律制度介绍	了解		
5	物业服务企业法律制度	5-1	物业服务企业资质管理制度	掌握	3	
		5-2	物业管理从业人员职业资格制度	掌握		
6	物业管理招投标制度	6-1	物业管理招投标有关法律规定	掌握	2	
		6-2	开标、评标和中标有关法律规定	掌握		
7	物业服务合同法律制度	7-1	合同法律制度概述	了解	4	
		7-2	物业服务合同的概念及特征	熟悉		
		7-3	物业服务合同的内容及分类	掌握		
8	物业质量管理法律制度	8-1	物业的质量监督制度	了解	3	
		8-2	物业的竣工验收制度	掌握		
		8-3	物业的质量保修制度	掌握		
9	物业装饰装修与修缮管理法律制度	9-1	住宅装饰装修管理规定	熟悉	2	
		9-2	住宅专项维修资金制度	掌握		
10	物业管理纠纷处理法律制度	10-1	物业管理纠纷处理的法律依据	熟悉	3	
		10-2	不同类型物业管理纠纷的处理方法	掌握		
		10-3	物业管理纠纷诉前联调制度介绍	熟悉		
11	物业管理法律责任法律制度	11-1	物业管理民事法律责任	掌握	3	
		11-2	物业管理行政法律责任	熟悉		
		11-3	物业管理刑事法律责任	熟悉		

续表

知识单元		知识点			建议学时	推荐课程（学时）
序号	描述	编号	描述	要求		
12	物业管理相关法律制度	12-1	物业特种设备管理法律制度	熟悉	3	物业管理法规（40学时）
		12-2	物业环境管理法律制度	了解		
		12-3	安保和消防安全法律制度	熟悉		
		12-4	物业管理应急管理法律制度	了解		
13	境外物业管理法律制度介绍	13-1	港澳台物业管理法律制度	了解	3	
		13-2	新加坡物业管理法律制度	了解		
		13-3	英、美物业管理法律制度	了解		
合计：92		284			344	

物业管理信息化技术知识领域的知识单元、知识点及建议学时　　表 1-2-4

知识单元		知识点			建议学时	推荐课程（学时）
序号	描述	编号	描述	要求		
1	智能建筑概述	1-1	智能建筑的概念	了解	4	物业智能化系统管理（40学时）
		1-2	智能建筑的分类	了解		
		1-3	智能建筑的功能与管理要求	熟悉		
		1-4	智能建筑系统	熟悉		
		1-5	智能建筑的发展	熟悉		
2	智能建筑检测与执行装置	2-1	智能建筑检测技术	了解	2	
		2-2	智能建筑检测装置	熟悉		
		2-3	智能建筑执行装置	了解		
3	智能建筑计算机控制系统	3-1	计算机控制系统概念	了解	3	
		3-2	计算机控制系统分类、组成与结构	了解		
		3-3	控制器	了解		
		3-4	计算机控制系统控制方法	熟悉		
4	智能建筑设备自动化系统	4-1	建筑设备自动化系统及其功能	熟悉	4	
		4-2	建筑设备自动化系统的控制对象	熟悉		
		4-3	建筑设备智能监控系统	熟悉		
		4-4	建筑设备智能监控子系统监控原理	熟悉		
5	智能建筑火灾防控系统	5-1	智能火灾防控系统组成	熟悉	4	
		5-2	火灾探测器的分类与工作原理	熟悉		
		5-3	火灾报警控制器分类、功能与工作原理	熟悉		
		5-4	灭火控制系统组成	熟悉		
		5-5	消防通信与广播系统	了解		

续表

知识单元		知识点			建议学时	推荐课程（学时）
序号	描述	编号	描述	要求		
6	智能建筑安防系统	6-1	智能建筑安防系统的组成、结构与功能	熟悉	4	物业智能化系统管理（40学时）
		6-2	闭路电视监控和防盗报警系统	熟悉		
		6-3	访问管理和出入口控制系统	熟悉		
		6-4	停车场管理控制系统	熟悉		
		6-5	智能建筑安防系统的配置要求	掌握		
7	智能建筑广播音响系统	7-1	广播音响系统结构、种类和传输方式	了解	2	
		7-2	广播音响系统设备配置和布置安装	了解		
8	智能建筑综合布线系统	8-1	综合布线系统的概念与特性	了解	4	
		8-2	综合布线系统的组成与应用	熟悉		
		8-3	综合布线系统设计	了解		
		8-4	综合布线系统与相关设备的连接	熟悉		
		8-5	综合布线系统的电源与电气防护	掌握		
9	智能建筑办公自动化系统	9-1	办公自动化系统组成与类型	熟悉	3	
		9-2	办公自动化系统集成	熟悉		
		9-3	办公自动化系统常用设备	了解		
10	智慧社区	10-1	智慧社区概述	了解	4	
		10-2	智慧社区的支撑技术	了解		
		10-3	智慧社区系统构成与功用	熟悉		
		10-4	智慧社区服务系统建设与运营	了解		
11	建筑智能化系统维护与管理	11-1	建筑智能化系统常见故障类型	熟悉	6	
		11-2	建筑智能化系统故障分析	熟悉		
		11-3	建筑智能化系统的维护与管理	掌握		
1	物业管理信息概述	1-1	数据、信息与知识概述	了解	2	物业管理信息系统及应用（32学时）
		1-2	物业管理信息的含义与目标	熟悉		
		1-3	物业管理信息的类别	熟悉		
		1-4	物业管理信息的管理过程、内容与要求	掌握		
2	物业管理信息系统技术基础	2-1	计算机系统	熟悉	2	
		2-2	通信与网络技术	熟悉		
		2-3	数据库技术	熟悉		
		2-4	其他信息系统支撑技术	了解		
3	物业管理信息系统组成与功能	3-1	管理信息系统概述	了解	4	
		3-2	物业管理信息系统类型	熟悉		
		3-3	物业管理信息系统内容与功能	掌握		
4	物业管理信息系统使用要求	4-1	物业管理信息系统使用环境	熟悉	2	
		4-2	物业管理信息系统安装及初始化	熟悉		
		4-3	物业管理信息系统使用安全要求	掌握		

续表

序号	知识单元 描述	编号	知识点 描述	要求	建议学时	推荐课程（学时）
5	物业管理信息导入与维护	5-1	分类信息资料导入	熟悉	2	
		5-2	分类信息资料维护	熟悉		
		5-3	分类信息资料更新	熟悉		
6	物业管理信息系统应用	6-1	服务收费管理子系统应用	掌握	16	物业管理信息系统及应用（32学时）
		6-2	租赁管理子系统应用	掌握		
		6-3	客户服务管理子系统应用	掌握		
		6-4	房屋管理子系统应用	掌握		
		6-5	设施设备管理子系统应用	掌握		
		6-6	安全管理子系统应用	掌握		
		6-7	环境管理子系统应用	掌握		
		6-8	仓储管理子系统应用	熟悉		
		6-9	物业管理信息系统高级综合应用	熟悉		
7	物业管理信息系统维护、评价与优化	7-1	物业管理信息系统维护	熟悉	2	
		7-2	物业管理信息系统评价	了解		
		7-3	物业管理信息系统优化与升级	了解		
8	物业管理信息系统发展趋势	8-1	决策支持系统与专家系统	了解	2	
		8-2	电子商务与物业管理信息系统集成	了解		
		8-3	物业ERP系统	了解		
		8-4	智能化与网络化	了解		
	合计：19		76		72	

附件 2

物业管理专业实践教学体系（实践领域、实践单元及知识技能点）

实践教学领域及实践单元　　　　　　　　　　　　　　　　表 2-1

序号	实践领域	实践单元（个）	实践环节	建议学时
1	实验	1	基础实验	32
		9	专业基础实验	24
		9	专业实验	40
2	实习	1	认识实习	1 周
		4	课程实习	1 周
		1	生产实习	8 周
		2	毕业实习	4 周
3	设计（或论文）	2	课程设计	2 周
		3（4）	毕业设计（论文）	14 周

实验领域的实践单元、知识技能点及建议学时　　　　　　　表 2-2

序号	实践环节	编号	实践单元	知识技能点	要求	建议学时
1	基础实验	1-1	计算机及信息技术应用实验	参照计算机及信息技术应用教学要求	掌握	32
2	专业基础实验	2-1	房屋构造实验	房屋建筑构造的认识	掌握	8
		2-2		民用建筑细部构造	掌握	
		2-3		工业建筑构造	熟悉	
		2-4	建筑材料试验	测定土建材料性质方法；测定材料比重的方法	掌握	16
		2-5		钢筋取样要求；钢筋标距打印，检验钢材的力学性能和机械性能的方法	熟悉	
		2-6		水泥的物理性质检验方法和水泥的强度等级评定方法；水泥压力试验和抗折实验方法	熟悉	
		2-7		测定砂和石的颗粒级配、粗细程度及石子的最大粒径；确定砂的细度模数、级配曲线；测定砂、石骨料的级配、含水量、含泥量	熟悉	
		2-8		混凝土和易性的测定、调整方法；混凝土标准养护方法，混凝土强度评定方法；施工配比确定	熟悉	
		2-9		沥青三大技术性质测定方法；沥青牌号评定	熟悉	

33

续表

序号	实践环节	编号	实践单元	知识技能点	要求	建议学时
3	专业实验	3-1	物业设施设备工程实验	建筑环境参数（空气的温度、湿度、风速、噪声、照度等）的测量	掌握	16
		3-2		测量室内污染物浓度；测试及评价影响室内热舒适的相关参数	熟悉	
		3-3		测试制冷压缩机的工作性能	熟悉	
		3-4		按设定的室内温湿度参数进行空气热湿处理	熟悉	
		3-5		建筑消防系统的运行及控制	熟悉	
		3-6	物业承接查验实验	物业公用部位和结构查验	熟悉	8
		3-7		物业设施设备查验	熟悉	
		3-8		物业装修查验	熟悉	
		3-9	物业管理信息系统及应用实验	物业管理信息系统应用操作	掌握	16

实习领域的实践单元和知识技能点　　　　表 2-3

序号	实践环节	编号	实践单元	知识技能点	要求	建议学时
1	认识实习	1-1	物业管理项目参观	建筑材料、设备、环境实物形态与功能	熟悉	1周
		1-2		物业类型、组成、结构、功能	熟悉	
		1-3		物业管理内容、程序、要求	熟悉	
2	课程实习	2-1	物业管理理论与实务实习	客户接待与礼仪	掌握	1周
		2-2		物业管理招投标程序及要点	掌握	
		2-3		物业承接查验与交付程序及要点	掌握	
		2-4		物业环境与公共秩序管理要点	掌握	
3	生产实习	3-1	物业专项管理服务现场实习	各校根据自身办学特色及所需培养的综合专业能力选择实习内容；可考虑不同物业类型、物业管理的不同环节及不同专业方向分别设置	熟悉	8周
4	毕业实习	4-1	物业服务、管理、经营现场实习（可分不同专业方向，结合毕业论文/设计进行）	从事物业管理某一专项业务或某一类型物业项目的阶段性或全程性工作	掌握	4周
		4-2		与毕业论文/设计课题相关的实际资料、数据、案例的搜集、整理、分析、计算及方案制定	掌握	

设计（论文）领域的实践单元和知识技能点　　　　　　　　　表 2-4

序号	实践环节	编号	实践单元	知识技能点	要求	建议学时
1	课程设计	1-1	物业管理投标书编制设计	物业管理方案编制	掌握	1周
		1-2	房地产估价报告设计	房地产估价成果文件编制	掌握	1周
2	二选一	毕业设计 2-1	物业管理项目服务、管理、经营方案编制	市场调查	掌握	14周
		2-2		方案构思	掌握	
		2-3		方案编制	掌握	
		毕业论文 2-1	结合实践或行业发展热点选题	选题背景与意义；国内外研究现状及发展概况；研究内容及方法；相关外文资料翻译	熟悉	14周
		2-2		利用有关理论、方法和分析工具，论述、分析、研究物业管理中的某一问题	掌握	
		2-3		明确研究结论与展望	掌握	
		2-4		论文中英文摘要、正文、参考文献、附录或附件写作	掌握	

注：1. 毕业设计选题应以新建或已经投入使用的实际物业项目为背景，毕业设计成果应当是一个独立项目完整的物业服务、管理或经营方案，内容应当包括设计依据、设计说明、设计论证等，应向毕业生提供项目规划基本经济技术指标、国家与地方有关规范或标准等资料。毕业设计格式应符合各高等学校本科毕业设计规范化方面的相关要求。

2. 毕业论文选题方向应集中于物业经营、管理、服务相关的热点问题和行业发展前沿问题方面，毕业论文格式应符合各高等学校本科毕业论文规范化方面的相关要求，论文参考文献不少于 15 篇，字数不少于 10000 字。

附件3

推荐选修的部分物业管理专业知识单元和知识点

物业管理专业知识领域推荐选修课程及建议学时　　　　　　　　表 3-1

序号	知识领域	推荐课程	建议学时
1	工程技术基础	园林绿地规划设计	32
2	经济、管理、法律相关理论与方法	运筹学、项目管理、人力资源管理、建设法规	128
3	物业管理理论与方法	物业管理招标与投标、物业管理案例分析、社区管理、公司房地产经营管理、绿色物业管理	160
4	物业管理信息化技术	BIM在物业管理中的应用、AutoCAD	64
	总计	12	384

工程技术基础知识领域推荐的知识单元、知识点及建议学时　　　　表 3-1-1

序号	知识单元描述	编号	知识点描述	要求	建议学时	推荐课程（学时）
1	园林绿地总论	1-1	园林绿地的发展	了解	4	园林绿地规划设计（32学时）
		1-2	园林绿地规划概述	了解		
		1-3	园林绿地的功能与作用	熟悉		
		1-4	园林绿地的类型及相关指标	掌握		
2	公园绿地规划设计	2-1	城市公园的起源与发展	了解	6	
		2-2	各类城市公园规划设计	熟悉		
		2-3	街旁绿地规划设计	熟悉		
3	城市生产与防护绿地规划设计	3-1	城市生产绿地规划设计	了解	2	
		3-2	城市防护绿地规划设计	熟悉		
4	居住绿地规划设计	4-1	居住区与居住绿地概念	了解	10	
		4-2	居住绿地规划设计条件	熟悉		
		4-3	居住绿地规划立意构思与布局	熟悉		
		4-4	其他绿地规划设计	熟悉		
		4-5	组团绿地规划设计	掌握		
		4-6	宅旁绿地规划设计	掌握		
		4-7	居住区道路绿地规划设计	掌握		
		4-8	配套公建绿地规划设计	掌握		
5	单位附属绿地规划设计	5-1	工业企业绿地规划设计	了解	2	
		5-2	公共事业绿地规划设计	了解		
		5-3	行政办公及研发机构绿地规划设计	了解		

续表

知识单元		知识点			建议学时	推荐课程（学时）
序号	描述	编号	描述	要求		
6	道路绿地规划设计	6-1	道路绿地的功能	了解	4	园林绿地规划设计（32学时）
		6-2	道路绿地的发展概况	了解		
		6-3	道路绿地的类型及构成	熟悉		
7	中国古典园林规划设计	7-1	中国古典园林概述	了解	4	
		7-2	苏州园林规划设计	熟悉		
合计：7			25		32	

经济、管理、法律相关理论与方法知识领域推荐的知识单元、知识点及建议学时 表3-1-2

知识单元		知识点			建议学时	推荐课程（学时）
序号	描述	编号	描述	要求		
1	运筹学引论	1-1	运筹学的发展和应用概况	了解	2	运筹学（32学时）
		1-2	投资估算案例分析	了解		
2	线性规划	2-1	线性规划概念及内容	了解	8	
		2-2	线性规划建模	熟悉		
		2-3	单纯形法	掌握		
		2-4	线性规划解的灵敏度分析	掌握		
		2-5	线性规划的对偶问题	掌握		
3	运输问题及整数规划	3-1	整数规划	了解	6	
		3-2	运输问题	掌握		
4	动态规划及其运用	4-1	动态规划在管理决策中的应用	熟悉	4	
		4-2	动态规划模型及其求解方法	掌握		
5	图论基础知识	5-1	图的概念和特点	掌握	6	
		5-2	最短路、最长路问题	掌握		
		5-3	最小树问题	掌握		
		5-4	最大流问题	掌握		
6	存贮论	6-1	随机型存贮模型建立和求解	了解	2	
		6-2	其他类型存储问题	了解		
		6-3	不允许缺货条件下确定型存贮模型	掌握		
7	决策论	7-1	多目标决策	熟悉	4	
		7-2	确定型决策	掌握		
		7-3	风险型决策	掌握		
1	项目管理引论	1-1	项目管理的含义、类型、范围及任务	掌握	4	项目管理（32学时）
		1-2	项目建设程序	掌握		
2	项目组织管理	2-1	项目经理与项目团队	熟悉	4	
		2-2	项目组织形式及组织形式的选择	掌握		

37

续表

知识单元		知识点			建议学时	推荐课程（学时）
序号	描述	编号	描述	要求		
3	项目实施模式	3-1	新型承发包模式	了解	2	项目管理 （32学时）
		3-2	设计—施工分离承包模式	掌握		
		3-3	总承包模式	掌握		
4	项目费用控制	4-1	项目费用控制的特点、原则及内容	掌握	4	
		4-2	项目费用控制基本方法	掌握		
5	项目进度控制	5-1	进度目标及进度控制体系	掌握	6	
		5-2	进度计划编制方法	掌握		
		5-3	进度控制方法与措施	掌握		
6	项目质量控制	6-1	项目质量问题和质量事故的处理	熟悉	6	
		6-2	项目质量控制的基本内容	掌握		
		6-3	施工质量验收标准	掌握		
		6-4	项目施工质量控制的系统过程、原理及方法	掌握		
		6-5	项目质量控制的统计分析方法	掌握		
7	项目风险管理	7-1	项目风险识别、分析与评估	熟悉	4	
		7-2	项目风险应对策略及监控方法	掌握		
		7-3	项目风险的类型与管理程序	掌握		
8	项目信息管理	8-1	项目信息管理内容	熟悉	2	
		8-2	项目管理信息系统相关内容	熟悉		
1	人力资源概述	1-1	人力资源数量、质量的概念	熟悉	2	人力资源管理 （32学时）
		1-2	人力资源定义、特征及职能	掌握		
2	人力资源管理理论	2-1	各种人性假设理论	熟悉	2	
		2-2	人力资源管理内部环境分析	掌握		
3	人力资源管理部门的组织结构及任务	3-1	人力资源管理部门的组织结构	了解	2	
		3-2	人力资源管理部门组织结构的责任	熟悉		
		3-3	人力资源管理部门的使命	掌握		
4	职位分析	4-1	职位分析的作用及具体内容	熟悉	2	
		4-2	职位分析方法及程序	掌握		
5	人力资源规划	5-1	人力资源规划的内容及程序	熟悉	2	
		5-2	人力资源需求及供给的预测	掌握		
		5-3	人力资源供求均衡	掌握		
6	人员招聘	6-1	人力资源招聘概念	了解	5	
		6-2	人力资源招聘的作用与程序	熟悉		
		6-3	人员内部招募及外部招聘的对比及操作方法	掌握		
		6-4	人员的甄选	掌握		

续表

序号	知识单元描述	编号	知识点描述	要求	建议学时	推荐课程（学时）
7	职业生涯规划	7-1	职业生涯规划及其管理	了解	4	人力资源管理（32学时）
		7-2	职业生涯规划程序	熟悉		
		7-3	职业生涯规划及其管理的基本理论及相关方法	掌握		
8	员工培训	8-1	培训的概念及作用	了解	3	
		8-2	员工培训的方法	熟悉		
		8-3	员工培训的程序	掌握		
9	绩效管理	9-1	绩效管理的概念	了解	4	
		9-2	绩效管理的作用、原则	熟悉		
		9-3	绩效管理的内容、方法及考评程序	掌握		
10	薪酬管理	10-1	薪酬的概念	了解	3	
		10-2	薪酬的构成及功能	熟悉		
		10-3	薪酬管理的内容及作用	掌握		
11	员工关系管理	11-1	员工关系管理的含义及作用	了解	3	
		11-2	劳动合同管理	熟悉		
		11-3	裁员管理的步骤及注意事项	掌握		
1	建设法规引论	1-1	建设法规体系	熟悉	2	建设法规（32学时）
		1-2	建设法律关系	掌握		
2	城乡规划法	2-1	城乡规划的制定和实施	熟悉	3	
		2-2	城乡规划的监督管理	熟悉		
3	土地管理法规	3-1	土地的所有权和使用权	熟悉	2	
		3-2	土地利用和保护	熟悉		
		3-3	建设用地违法责任及处理	掌握		
4	工程咨询法律制度	4-1	工程勘察设计法律制度	了解	3	
		4-2	工程项目可行性与评价制度	熟悉		
		4-3	工程监理制度	掌握		
5	建筑法律制度	5-1	建筑工程施工许可	熟悉	4	
		5-2	建筑工程监理	熟悉		
		5-3	建筑工程发包与承包制度	掌握		
		5-4	工程质量与安全生产管理	掌握		
6	建筑市场准入制度	6-1	建筑业企业资质管理	熟悉	3	
		6-2	建筑业从业人员资格管理	熟悉		
7	建设工程招投标法律制度	7-1	建设工程招标与投标	掌握	4	
		7-2	建设工程开标、评标和中标	掌握		

续表

知识单元		知识点			建议学时	推荐课程（学时）
序号	描述	编号	描述	要求		
8	建设工程质量管理法规	8-1	质量体系认证制度	熟悉	2	建设法规（32学时）
		8-2	建设工程质量监督管理	熟悉		
		8-3	建设行为主体的质量责任与义务	掌握		
		8-4	工程质量保修及损害赔偿	掌握		
9	城市房地产管理法规	9-1	房地产开发用地	熟悉	4	
		9-2	房地产开发	熟悉		
		9-3	城市房屋征收	掌握		
		9-4	房地产交易	掌握		
		9-5	房地产权属登记管理	熟悉		
		9-6	物业管理服务	熟悉		
		9-7	房地产中介服务	熟悉		
10	市政工程建设法规及工程建设其他法规	10-1	工程建设其他法规	了解	3	
		10-2	市政工程建设法规	熟悉		
11	环境保护与建筑节能法规	11-1	建筑节能法规	了解	2	
		11-2	水、噪声、固体废物污染及其治理	熟悉		
		11-3	建设项目环境保护及评价	掌握		
合计：37		108			128	

物业管理理论与方法知识领域推荐的知识单元、知识点及建议学时　　表 3-1-3

知识单元		知识点			建议学时	推荐课程（学时）
序号	描述	编号	描述	要求		
1	物业管理与招投标制度	1-1	招投标制度的起源和发展	了解	2	物业管理招标与投标（32学时）
		1-2	我国物业管理招投标发展历程	了解		
		1-3	招投标基础知识	熟悉		
		1-4	招投标的基本流程	掌握		
2	物业管理招投标概述	2-1	物业管理招投标含义、类型与特点	熟悉	4	
		2-2	我国物业管理招投标制度的形成	了解		
		2-3	物业管理招投标的原则、内容与方式	熟悉		
		2-4	我国物业管理招投标制度的相关法规	掌握		
3	物业管理招标的实施	3-1	招标的条件	熟悉	3	
		3-2	招标的准备工作	熟悉		
		3-3	招标的流程	掌握		
4	物业管理招标文件的编制	4-1	招标文件的编制原则与程序	熟悉	3	
		4-2	物业管理招标文件的内容	熟悉		
		4-3	物业管理招标文件的编制	掌握		

续表

知识单元		知识点			建议学时	推荐课程（学时）
序号	描述	编号	描述	要求		
5	物业管理投标的实施	5-1	物业管理投标人及必备条件	了解	3	物业管理招标与投标（32学时）
		5-2	物业管理投标前的准备工作	熟悉		
		5-3	物业管理投标的实施程序	掌握		
6	物业管理投标文件的编制	6-1	物业管理投标文件主要内容	熟悉	5	
		6-2	物业管理投标文件编写技巧	掌握		
7	物业管理的投标报价	7-1	物业管理服务费收费模式	掌握	6	
		7-2	物业服务费的测算	掌握		
		7-3	物业报价策略与决策	熟悉		
8	物业管理的开标、评标与定标	8-1	开标、评标与定标的基本流程	了解	4	
		8-2	物业管理评标办法和常见疑难问题处理	熟悉		
		8-3	物业服务合同的订立与管理	掌握		
9	信息技术在物业管理招投标中的应用	9-1	网络招标	了解	2	
		9-2	物业管理软件在招投标中的应用	了解		
1	物业管理案例分析基本知识	1-1	物业管理案例分析概述	熟悉	4	物业管理案例分析（32学时）
		1-2	物业管理案例分析适用的理论	了解		
		1-3	解决物业服务纠纷适用的法律规范	掌握		
2	物业服务企业与业主关系中的纠纷与案例分析	2-1	物业服务企业与业主关系中的纠纷原因与类型	掌握	3	
		2-2	案例分析	熟悉		
3	前期物业管理服务中的纠纷与案例分析	3-1	前期物业管理服务中的纠纷原因与类型	掌握	3	
		3-2	案例分析	熟悉		
4	物业服务合同中的纠纷与案例分析	4-1	物业服务合同中的纠纷原因与类型	掌握	3	
		4-2	案例分析	熟悉		
5	屋宇与设备维修管理中的纠纷与案例分析	5-1	屋宇与设备维修管理中的纠纷原因与类型	掌握	2	
		5-2	案例分析	熟悉		
6	物业公共秩序服务中的纠纷与案例分析	6-1	物业公共秩序服务中的纠纷原因与类型	掌握	3	
		6-2	案例分析	熟悉		
7	物业公共环境服务中的纠纷与案例分析	7-1	物业公共环境服务中的纠纷原因与类型	掌握	2	
		7-2	案例分析	熟悉		
8	物业资金管理中的纠纷与案例分析	8-1	物业资金管理中的纠纷原因与类型	掌握	3	
		8-2	案例分析	熟悉		
9	物业综合事务中的纠纷与案例分析	9-1	物业综合事务中的纠纷原因与类型	掌握	6	
		9-2	案例分析	熟悉		
10	物业管理典型案例分析	10-1	物业管理典型案例背景介绍	了解	3	
		10-2	物业管理典型案例分析	熟悉		

续表

知识单元		知识点			建议学时	推荐课程（学时）
序号	描述	编号	描述	要求		
1	社区与社区管理	1-1	社区的含义及构成要素	了解	2	社区管理（32学时）
		1-2	社区管理的基本概念	熟悉		
		1-3	社区管理的体制	掌握		
		1-4	社区管理同相关领域的关系	掌握		
2	街道办事处与居民委员会	2-1	街道办事处与居民委员会职能	了解	2	
		2-2	街道办事处与居民委员会的关系	掌握		
3	物业管理与社区管理的交叉与融合	3-1	社区管理与物业管理的关系	了解	2	
		3-2	社区管理与物业管理的交叉	熟悉		
		3-3	社区管理与物业管理的交叉与融合	熟悉		
4	社区服务	4-1	社区服务的兴起与发展	了解	4	
		4-2	社区服务内涵与内容	了解		
		4-3	社区服务运作模式与工作方法	掌握		
		4-4	社区服务的成就与不足	掌握		
5	社区卫生	5-1	社区卫生的兴起与发展	了解	2	
		5-2	社区卫生服务的基本内容	熟悉		
		5-3	社区卫生服务的组织形式与工作方法	掌握		
6	社区文化	6-1	社区文化内涵及特点	了解	2	
		6-2	社区文化的类型及功能	熟悉		
		6-3	社区文化的现状及发展策略	掌握		
7	社区环境	7-1	社区环境的含义及内容	了解	2	
		7-2	社区环境的污染及其防治	熟悉		
		7-3	社区环境的保护和建设	掌握		
8	社区治安	8-1	社区治安的含义及特点	了解	2	
		8-2	社区治安的基本任务与组织机构	熟悉		
		8-3	社区治安的综合治理	掌握		
9	国外社区管理的实践和探索	9-1	国外社区管理的主体	了解	2	
		9-2	国外社区的发展与管理	熟悉		
		9-3	国外社区管理的发展趋势	掌握		
10	当代中国社区管理的创新实践与管理	10-1	当代中国社区管理的创新实践与模式比较	了解	2	
		10-2	当前中国城市社区管理体制存在的问题及原因	熟悉		
		10-3	当前中国城市社区管理体制构建的理论及发展	熟悉		
11	社区自治与社区发展	11-1	自治的基本原理及理论基础	了解	4	
		11-2	社区自治与发展	熟悉		

续表

知识单元		知识点			建议学时	推荐课程（学时）
序号	描述	编号	描述	要求		
12	非营利组织与社区发展	12-1	非营利组织的概念	了解	2	社区管理（32学时）
		12-2	非营利组织的理论基础	熟悉		
		12-3	非营利组织与社区发展	掌握		
		12-4	志愿者服务与社区发展	掌握		
13	社区参与与社区管理	13-1	社区参与的意义	了解	4	
		13-2	国外社区参与与社区管理	了解		
		13-3	社区参与的理论基础	熟悉		
		13-4	我国社区居民参与概况	熟悉		
1	公司房地产经营管理概述	1-1	公司房地产经营管理概念	熟悉	4	公司房地产经营管理（32学时）
		1-2	公司房地产经营管理发展历程	了解		
		1-3	公司房地产经营管理类型	熟悉		
2	公司房地产经营管理模式与方法	2-1	公司房地产经营管理模式	熟悉	4	
		2-2	公司房地产经营管理方法	熟悉		
3	公司房地产经营管理的组织机构设定	3-1	公司房地产经营管理部门设置	熟悉	4	
		3-2	公司房地产经营管理部门职能划分	熟悉		
4	公司房地产投资分析	4-1	收益性物业价值评估	熟悉	4	
		4-2	房地产市场与市场分析	掌握		
5	公司房地产物业管理	5-1	物业管理招标与投标	熟悉	4	
		5-2	物业管理方案确定	掌握		
		5-3	物业服务合同签订	熟悉		
		5-4	物业管理监督评价	熟悉		
6	公司房地产租赁管理	6-1	租赁双方权利与义务	熟悉	4	
		6-2	租赁合同管理	熟悉		
		6-3	租赁营销管理	掌握		
		6-4	租赁物业的维修与保养责任	熟悉		
7	公司房地产经营成本管理	7-1	公司房地产经营成本核算	熟悉	4	
		7-2	公司房地产经营成本分析	熟悉		
		7-3	公司房地产经营成本控制	熟悉		
8	公司房地产经营风险管理	8-1	公司房地产经营风险管理概述	熟悉	4	
		8-2	公司房地产经营风险评估	熟悉		
		8-3	公司房地产经营风险控制	熟悉		
1	绿色物业管理概述	1-1	绿色物业管理产生与发展的背景	了解	3	绿色物业管理（32学时）
		1-2	绿色物业管理与绿色建筑	掌握		
		1-3	绿色物业管理与居民生活	掌握		
		1-4	绿色物业管理与生态文明建设	熟悉		
		1-5	绿色物业管理与城市可持续发展	熟悉		
		1-6	绿色物业管理与物业管理行业转型升级	熟悉		

续表

序号	知识单元描述	编号	知识点描述	要求	建议学时	推荐课程（学时）
2	绿色物业管理理论	2-1	基本概念	掌握	3	绿色物业管理（32学时）
		2-2	绿色物业管理的特征	掌握		
		2-3	全寿命期理论	熟悉		
		2-4	循环经济理论	熟悉		
		2-5	可持续发展理论	熟悉		
		2-6	激励理论	熟悉		
		2-7	其他理论	熟悉		
3	国内外绿色物业管理的发展与实践	3-1	欧洲绿色物业管理的发展与实践	了解	4	
		3-2	北美绿色物业管理的发展与实践	了解		
		3-3	亚洲绿色物业管理的发展与实践	了解		
		3-4	国内绿色物业管理的发展与实践	熟悉		
4	绿色物业管理市场	4-1	绿色物业管理市场概述	了解	2	
		4-2	绿色物业管理市场主体及相互关系	熟悉		
		4-3	绿色物业管理制约因素分析	熟悉		
		4-4	不同类型物业的绿色物业管理需求	掌握		
5	绿色物业管理内容	5-1	绿色物业管理过程	熟悉	2	
		5-2	绿色物业管理中的"四节一环保"要求	掌握		
		5-3	绿色物业管理的PDCA循环	熟悉		
6	绿色物业管理的管理要求	6-1	目标控制	掌握	2	
		6-2	资源配置	掌握		
		6-3	组织安排	掌握		
		6-4	制度创新	熟悉		
		6-5	管理模式	熟悉		
7	绿色物业管理的技术措施	7-1	节能技术	掌握	10	
		7-2	节地技术	熟悉		
		7-3	节水技术	掌握		
		7-4	节材技术	熟悉		
		7-5	室内环境保护	掌握		
		7-6	室外环境保护	掌握		
		7-7	模拟检测技术	熟悉		
		7-8	运行监测技术	掌握		
		7-9	BIM技术应用	熟悉		
8	绿色物业管理的行为引导	8-1	行为引导概述	了解	2	
		8-2	企业培训管理	掌握		
		8-3	企业宣传管理	熟悉		

续表

知识单元		知识点			建议学时	推荐课程（学时）
序号	描述	编号	描述	要求		
9	绿色物业管理标准	9-1	国外相关标准简介	了解	2	绿色物业管理（32学时）
		9-2	我国相关标准	掌握		
		9-3	绿色物业管理企业标准建设	熟悉		
10	绿色物业管理评价	10-1	绿色物业管理评价概述	了解	2	
		10-2	经济效益评价	掌握		
		10-3	环境效益评价	掌握		
		10-4	社会效益评价	掌握		
		10-5	综合评价	掌握		
合计：50		161			160	5

物业管理信息化技术知识领域推荐的知识单元、知识点及建议学时　　表 3-1-4

知识单元		知识点			建议学时	推荐课程（学时）
序号	描述	编号	描述	要求		
1	BIM 概述	1-1	BIM 的由来	了解	4	BIM 在物业管理中的应用（32学时）
		1-2	BIM 的概念	熟悉		
		1-3	BIM 在国内外应用现状	了解		
2	BIM 软件与使用环境	2-1	BIM 软件	了解	2	
		2-2	使用 BIM 需要的硬件条件	了解		
		2-3	使用 BIM 人员素质要求	了解		
3	物业管理中运用 BIM 的前提	3-1	BIM 的完整性	了解	4	
		3-2	BIM 的移交	了解		
		3-3	基于 BIM 的信息采集	了解		
		3-4	设施设备的条码标识设置和 RFID 技术应用	了解		
		3-5	BIM 与 FMIS 的匹配融合	了解		
4	BIM 物业基础管理中的运用	4-1	建筑、设备资料的完整存储、重复使用、动态更新	了解	8	
		4-2	文字与图纸资料的匹配使用	了解		
		4-3	空间再现、空间管理和动线规划	了解		
		4-4	物料调度、设备盘点	了解		
		4-5	成本估算、运营规划	了解		
		4-6	运营维护记录资料追踪	了解		
5	BIM 物业运营管理过程中的应用	5-1	BIM 在物业承接查验中的运用	熟悉	10	
		5-2	BIM 在物业设施设备系统巡检和维修养护中的应用	熟悉		
		5-3	BIM 在现场应急管理中应用	熟悉		
		5-4	BIM 在物业日常服务中的应用	熟悉		
		5-5	BIM 在物业能源管理和环境监测中的应用	熟悉		
		5-6	BIM 在物业资产管理中的应用	熟悉		

续表

知识单元		知识点			建议学时	推荐课程（学时）
序号	描述	编号	描述	要求		
6	BIM在物业管理中应用案例	6-1	居住物业运用案例	了解	4	BIM在物业管理中的应用（32学时）
		6-2	商业物业运用案例	了解		
		6-3	其他物业运用案例	了解		
1	绪论	1-1	AutoCAD的应用概况	了解	2	AutoCAD（32学时）
		1-2	AutoCAD的发展和未来	了解		
2	AutoCAD的简介与基本概念	2-1	AutoCAD简介	了解	2	
		2-2	AutoCAD的发展及特点	了解		
		2-3	AutoCAD用户界面	掌握		
3	AutoCAD基本绘图	3-1	绘制线、圆、弧	掌握	2	
		3-2	绘制轨迹、实心体	掌握		
		3-3	绘制多义线、文本	掌握		
		3-4	绘制椭圆、正多边形	掌握		
4	图形编辑功能	4-1	删除、复制、移动对象	掌握	2	
		4-2	镜像、部分删除、成组对象	掌握		
		4-3	修剪、拉伸、延伸对象	掌握		
		4-4	放缩、旋转、修改对象	掌握		
		4-5	多义线的编辑、夹点编辑功能	掌握		
5	显示功能	5-1	显示、视图、平移控制	熟悉	2	
		5-2	模型空间及图纸空间转换	熟悉		
6	辅助绘图功能	6-1	栅格和捕捉	熟悉	2	
		6-2	辅助坐标、正交及目标捕捉	熟悉		
		6-3	面积和周长	熟悉		
		6-4	状态、对话框	熟悉		
7	图层与图块	7-1	图层的概念	熟悉	2	
		7-2	图层的设置与管理	熟悉		
		7-3	图层的颜色与线型	熟悉		
		7-4	图层的概念、形成与插入、外部引用	熟悉		
8	尺寸标注	8-1	尺寸的组成与类型	掌握	2	
		8-2	线性尺寸标注、角度标注	掌握		
		8-3	直径标注与半径标注	掌握		
		8-4	引线标注与注释	掌握		
		8-5	坐标标注、尺寸公差标注	掌握		
9	文字书写	9-1	单行与多行文字	掌握	2	
		9-2	定义文字样式与控制文字快速显示	掌握		
		9-3	文字编辑与拼写检查	掌握		

续表

序号	知识单元 描述	编号	知识点 描述	要求	建议学时	推荐课程（学时）
10	三维图形的绘制与编辑	10-1	布尔运算	了解	4	AutoCAD（32学时）
		10-2	三维坐标系、拉伸对象	掌握		
		10-3	创建三维面、三维网格面模型	掌握		
		10-4	创建基本实体元	掌握		
		10-5	由二维对象创建三维实体	掌握		
		10-6	编辑与修改三维实体、三维实体的分割与剖视	掌握		
		10-7	三维渲染命令及效果的设置	掌握		
11	AutoCAD 设计中心	11-1	设计中心的功能	熟悉	2	
		11-2	查找图形内容	熟悉		
		11-3	存储和添加图形内容	熟悉		
12	VBA 编辑基础	12-1	VBA 的功能	熟悉	2	
		12-2	VBA 编辑器	熟悉		
13	ActiveX 技术	13-1	AutoCAD ActiveX 技术简介	了解	2	
		13-2	AutoCAD ActiveX 对象介绍	了解		
14	常用命令及使用方法介绍	14-1	AutoCAD 图元命令对象	熟悉	2	
		14-2	三维面、曲面与实体的创建	掌握		
15	VBA 使用图层、颜色、线型	15-1	图层集合对象	掌握	2	
		15-2	图层对象、线型的使用	掌握		
合计：21		76			64	

47

附录 高等学校房地产开发与管理和物业管理学科专业指导委员会规划推荐教材

（物业管理专业适用）

序号	教材名称	主编	主编学校
1	物业管理理论与实务	季如进	清华大学
2	物业经营管理	陈德豪	广州大学
3	智能建筑的物业管理	韩朝	北京林业大学
4	物业管理信息系统及应用	韩朝	北京林业大学
5	设施管理	曹吉鸣	同济大学
6	物业管理法规	吴剑平	广州大学
7	物业设施设备工程	丁云飞	广州大学
8	物业服务质量管理	王怡红	山东青年政治学院
9	物业管理案例分析	刘秋雁	东北财经大学
10	物业设施设备维护与管理	郭春显	河南财经政法大学
11	物业管理专业导论	张志红	石家庄学院
12	物业管理招投标	缪悦	长沙学院

注：表中所列教材将由中国建筑工业出版社出版。